# YOOK

유크 —— 유튜브 크리에이터의 모든 것

ISSUE NO.1
## 캠핑한끼

## Contents

Editor's Letter 004

# INTRO

Out to Wild 006

# CREATOR

**#**
캠핑한끼를 표현하는 해시태그들 022

**Story**
캠핑한끼는 어떻게 크리에이티브의 아이콘이 됐을까 024

**Interview**
사진가, 요리사, 카누 마니아, 다이버, 유튜버 등 다양한 정체성을 가진 크리에이터 캠핑한끼 032

**Inspiration**
캠핑한끼의 경쟁력 있는 콘텐츠를 만드는 영감의 재료들 046

**Backpacking**
아이디어에서 업로드까지, 한 편의 영상이 탄생하기까지 메이킹 과정 054

**Unpacking**
촬영 장비부터 요리 도구까지, 꼭 한 번 훔쳐보고 싶었던 캠핑한끼의 배낭 털기 062

**Subscription**
캠핑한끼가 구독하고 있는 국내외 유튜브 크리에이터들 066

# SPECIAL

**How to Cook**
캠핑한끼가 직접 선정한 Best Recipe 10 070

# VIEWS

**Data**
6년여 간 캠핑한끼가 누적해온 데이터 똑바로 읽기 084

**On Air**
모두가 사랑하는 캠핑한끼 베스트 영상 092

**Collaboration**
PPL과 예술 사이, 캠핑한끼와 브랜드의 컬래버레이션 영상 Best 5 094

**Reports**
미식, 디지털 마케팅, 영상, 캠핑 전문가가 촘촘하게 분석한 캠핑한끼, 성공의 이유 096

**Share**
댓글을 따라 읽어본 15만 구독자, 열광의 이유 102

**Talks**
네 명의 프로페셔널들이 털어놓는 캠핑한끼 '홀릭'의 순간 106

**Look Into**
내내 잡음이 끊이지 않았던 캠핑한끼 표절 논란 제대로 들여다보기 108

**Yook List**
캠핑한끼를 구독한다면 놓쳐서는 안 될 국내&해외 채널 110

# OUTRO

Back to WiFi 112

Mook For YouTube Explorers
Issue No.1  캠핑한끼 OUTDOOR GEAR & CAMP FOOD

## Editor's Letter

# *Mook for YouTube Explorers*

유튜브의 공동 창립자인 자베드 카림 Jawed Karim이 '나 동물원 왔어 Me at the Zoo'라는 제목의 19초짜리 동영상을 최초로 게시했던 2005년 4월, 과연 오늘과 같은 날이 오리라 상상했을까요?(한 번쯤 찾아보셔도 좋을 거예요. 그야말로 소소한 일상을 담은 풋풋한 영상이랍니다!) 그로부터 15년이 지난 지금, 전 세계에서 무려 20억 명의 사용자가 날마다 10억 시간에 달하는 영상을 시청하며, 매분마다 500시간 분량의 영상이 새로 업로드되고 있는 유튜브는 전 세계에서 가장 인기 있는 동영상 플랫폼으로 성장했습니다.

국내의 한 조사에[1] 따르면 25~34세의 밀레니얼 세대는 하루 평균 2시간, 15~24세의 Z세대는 2시간 29분 동안 유튜브를 시청하는 것으로 나타났습니다. 이들은 1인 평균 9.5개의 채널을 구독하며 4명 중 1명은 직접 유튜브 영상을 제작하거나 업로드한 경험을 갖고 있습니다. 물론 중장년 세대도 예외는 아닙니다. 또 다른 조사 결과[2]를 보니 50대 이상의 중장년층이 정보 검색에 유튜브를 활용하는 비중은 무려 66.8%에 달하며 이것은 20대(59.2%)와 30대(53.3%)보다도 많은 수준이랍니다. 그러니까 전 세대에 걸쳐 TV보다 유튜브가 익숙한 시대, 바야흐로 유튜브가 전통 미디어의 자리를 대신하고 있는 시대인 거죠.

정말, 유튜브는 전문적이고 매력적인 콘텐츠로 전 세계 구독자를 매료시키고 있습니다. 초등학생들의 장래 희망 1순위가 '유튜브 크리에이터'라는 뉴스도 더 이상 놀랍지 않으니까요. 그들에게는 교과서에 나오는 위인이나 드라마에 등장하는 유명인보다 구독 중인 채널의 크리에이터가 훨씬 근사하고 쿨한 존재입니다. Z세대는 좋아하는 스타와 관련된 영상뿐 아니라 취미나 어학 등의 분야에서도 유튜브를 적극적으로 활용하죠. 한편, 크리에이터는 제품을 구입하거나 정보를 얻고 싶을 때 가장 믿을 만한 조언을 얻을 수 있는 신뢰도 높은 존재이기도 합니다. 중장년층은 스마트폰이나 가전을 쇼핑하기 전 유튜브를 통해 제품을 비교하고, 구매한 뒤에도 영상을 보며 보다 쉽게 사용법을 익힙니다. 유튜브가 단순한 엔터테인먼트를 넘어 정보와 상품, 광고 소비와 유통에 이르기까지 지대한 영향을 미치는 플랫폼으로 기능하는 것입니다. 이는 유튜브 크리에이터들에게 국경을 뛰어넘는 무한한 기회가 열려 있음을 의미합니다. 크리에이터들은 유튜브 채널을 통해 자신의 창의력과 열정을 표현하는 한편 경력을 쌓고 수익도 창출합니다. 채널을 통해 얻은 인지도를 바탕으로 새로운 수익원과 비즈니스 기회를 얻기도 하고, 방송 판권 거래와 상품 판매, 브랜드 홍보와 도서 출판 등을 통해 수익을 다각화합니다.

그런데 이 거대한 유튜브의 바다, 어떻게 탐험하면 좋을까요? 유튜브 콘텐츠의 양은 어마어마하고, 자신만의 독창성과 성실함으로 구독자들을 매료시키는 크리에이터들은 바닷가의 모래알처럼 많습니다. 국경도 성역도 없는 동영상의 격전지에서 치열한 경쟁을 벌이고 있는 소셜 인재들 중에서 어떻게 옥석을 가려낼 수 있을까요? 손바닥 안에서 쉼 없이 흘러가버리는 콘텐츠를 어떻게 읽어야 할까요? 바로 그것이 영상 시대에 굳이, 우리가 잡지를 만든 이유입니다. 무크를 아시나요? '무크 Mook'는 잡지를 뜻하는 '매거진 Magazine'과 단행본을 뜻하는 '북 Book'의 합성어로 잡지와 단행본의 성격을 두루 갖춘 비정기 간행물을 말합니다. 『유크』는 유튜브를 테마로 하는 국내 최초의 무크지입니다. 새롭고 의미 있는 것을 가장 먼저 알아차리는 매거진의 DNA와 단일 주제를 무게감 있게 접근하는 무크의 시선으로 유튜브 세계를 담아내겠습니다. 지금, 초 단위로 무섭게 팽창하고 있는 유튜브를 좀 더 능동적으로 탐험하기를 원하는 당신을 위한 길잡이가 되겠습니다.

『유크』한 호는 단행본 한 권의 가치를 지닐 것이며, 그렇게 한 권 한 권 모여 전체를 이루면 유튜브의 거대한 줄기를 한눈에 파악할 수 있는 든든한 가이드가 되어줄 것입니다.

『유크』의 주인공은 바로 '크리에이터 Creator'입니다. 『유크』는 매 호 한 명(팀)의 크리에이터를 선정하고 해당 채널을 분석해 치밀하게 기획된 이미지와 텍스트로 지면에 펼쳐 보일 것입니다. 유튜브 크리에이터를 향한 당신의 호기심을 가장 먼저 알아채고, 가장 깊숙이 들여다볼 것입니다. 크리에이터의 라이프스타일과 영감의 원천, 치열한 콘텐츠 제작 과정과 숨겨진 프라이버시까지 구독자들이 궁금해하던 모든 것을 진정성 있게 담아내 마침내 더욱 친밀하고 긴밀하게 소통할 수 있도록 안내하겠습니다. 한편, 『유크』는 해당 채널의 영향력과 가치를 객관적으로 담아냅니다. 하루에도 수만 개의 채널이 생성되고 있지만 상위 2%의 채널이 전체 조회수의 90%를 차지하고 있습니다. 인기 있는 유튜브 채널은 어떻게 탄생되고, 무엇 때문에 성장하는 것일까요? 우리는 하나의 채널이 영향력 있는 채널로 성장하기까지의 과정부터 콘텐츠의 힘과 특이점, 유의미한 수치와 데이터 등을 각 분야 전문가들과 함께 집중 탐구할 것입니다.

『유크』의 첫 번째 주인공은 '캠핑한끼'입니다. 캠핑 좀 다녀보셨거나 요리 좀 하는 분들, 혹은 쿡방과 먹방, ASMR 채널에 관심이 있는 분들이라면 한 번쯤 들어봤을 이름이죠. 캠핑한끼는 인스턴트 음식을 배제한 '자연주의 재료'와 반합이나 나무 도마 같은 '제한된 장비'로 누구나 쉽게 할 수 있는 '간단한 레시피'를 담아냅니다. 자연을 캔버스 삼아, 이 세상 감성이 아닌 듯 아름답게요. 2주일에 한 번, 영상이 업로드되면 매번 비슷한 댓글이 달립니다. 이것은 다큐멘터리인가, 영화인가? 과연 그의 정체는 무엇인가? 사진가인지 영화감독인지, 오지 탐험가인지, 유명 요리사인지? 그러고는 갑론을박이 이어집니다. 이토록 우수한 채널의 구독자가 아직 100만을 못 넘은 이유는 도대체 무엇인가? 그러게요. 치명적인 매력을 뿜어내며 단 몇 초의 시청만으로도 오감을 완벽하게 사로잡는 놀라운 채널이 겨우 17만의 구독자라니요. 하지만 캠핑한끼의 존재는 구독자 수나 누적 조회수가 채널을 설명하는 유일한 척도가 아니라는 것을 생생하게 증명합니다. 초창기 때부터 은근하고 뜨거운 지지를 보내온 구독자들의 진심 어린 댓글을 보고 있노라면 절로 미소가 지어지니까요.

정말, 캠핑한끼의 영상은 숲속에 들어가 있는 것 같은 위안과 휴식은 물론, 당장이라도 떠날 수 있는 용기와 열정도 안겨줍니다. 국내외 구독자들의 엉덩이를 들썩이게 만들어버리고 유유히 카메라 뒤로 사라지곤 하던 그가 『유크』를 통해 처음으로 모습을 드러내고, 베일에 싸여 있던 작업 과정과 로케이션, 도구와 장비를 모두 공개합니다. 왜냐고요? "처음 카누를 탔을 때의 느낌을 생생하게 기억합니다. 자연에서 느꼈던 그 여유와 행복을 표현하고, 많은 분들과 공유하고 싶어 유튜브를 시작했어요. 채널을 운영하며 느꼈던 감정과 그간의 경험을 『유크』를 통해 정리하고 구독자들과 함께 할 수 있다면 좋겠습니다." 너무나 궁금했던 캠핑한끼의 진짜 이야기, 지금 만나보세요.

**편집장 오유리**

1 '15~34세 유튜브 크리에이터 영상 이용 행태 및 인식 연구 보고서', 대학내일20대연구소,
2018년 9월, 최근 1개월 내 유튜브 채널을 이용한 경험이 있는 전국 15~34세 남녀 800명 대상.

2 '2019 인터넷 이용자 조사(NPR)', 디지털 광고 미디어 조사업체 나스미디어,
2019년 4월, 국내 인터넷 이용자 10대~50대 남녀 2,000명 대상.

Intro

Out to Wild

"그 시절 나는 부시크래프트 Bushcraft에 빠져 있었다.
영상 길이가 짧았으면 좋겠는데, 멘트를 조금 줄여보지, 즉석식품을 먹는 건 별로야…
매일 그렇게 같은 영상을 몇 번씩 돌려 봤다."

"나도 한번 만들어볼까? 포토그래퍼인 나에겐 카메라가 있으니 찍으면 될 일.
찍고 자르고 붙여보자. 그렇게 첫 번째 메뉴가 시작됐다."

"캠핑한끼를 보고 누군가 캠핑을 시작한다면, 이로 인해 그의 삶이 건강하고 행복해진다면,
또 그가 누군가에게 좋은 영향을 미칠 수 있다면 그것이야말로 아름다운 순간이 아니겠는가.
이것은 더 이상 일이 아니다. 사명이다."

\# ▶ Story ▶ Interview ▶ Inspiration ▶ Backpacking ▶ Unpacking ▶ Subscription ▶

Creator

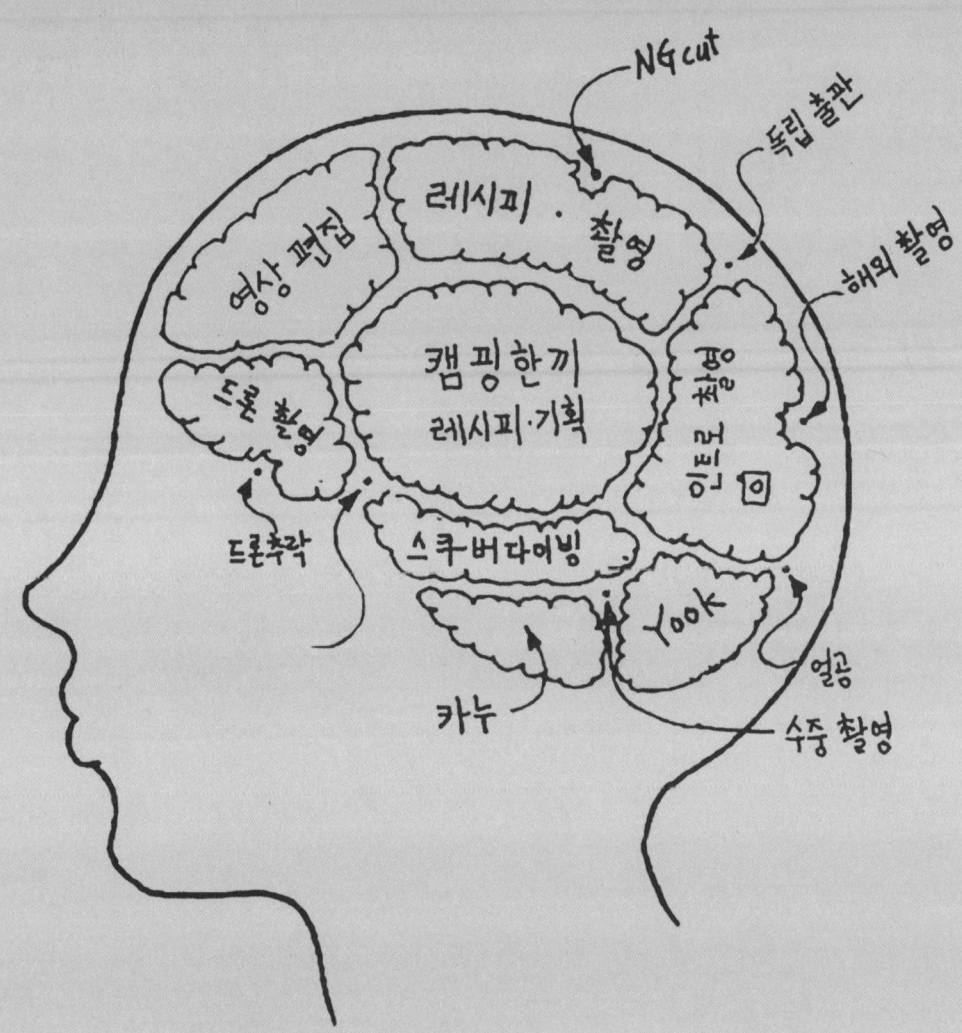

# Who Am I?

베일에 싸인 '문제적 남자' 캠핑한끼가 직접 뇌구조를 그렸다.
웃어넘기기엔 꽤나 눈물겹다. 그의 머릿속엔 온통 채널과 콘텐츠 생각뿐!

WORDS BY LEE MEEHYE

#

#캠핑요리레시피 #캠핑일기 #드론촬영 #우중캠핑

#유용팁 #아웃도어라이프 #ASMR #부시크래프트

#백패킹 #노지캠핑

#솔로캠핑 #ireumstudio #시골남자 #사진가

#스크래퍼미디어 #물고기한끼 #쿡방 #아웃도어장비 #고독한미식가

#슬로라이프 #불멍 #가을캠핑 #먹방

#장비만렙 #자연의소리 #내셔널지오그래픽

#숯불삼겹살 #실버버튼 #미니멀캠핑

#힐링채널 #리틀포레스트 #카누

#고프로

#육지고기 #겨울캠핑

#마니아 #캠핑하루 #낚시 #트레킹

#수중촬영 #춘천 #김종훈

# Point of View

캠핑한끼는 요리를 매개로 색다른 아웃도어 라이프를 제안하는 힐링 채널이다.
자연을 담은 아름다운 영상으로 조용히 구독자를 사로잡은 이 채널의 매력은 무엇일까?

WORDS BY LEE MEEHYE
PHOTOGRAPHS BY TJ KIM, SEO SONG Y.

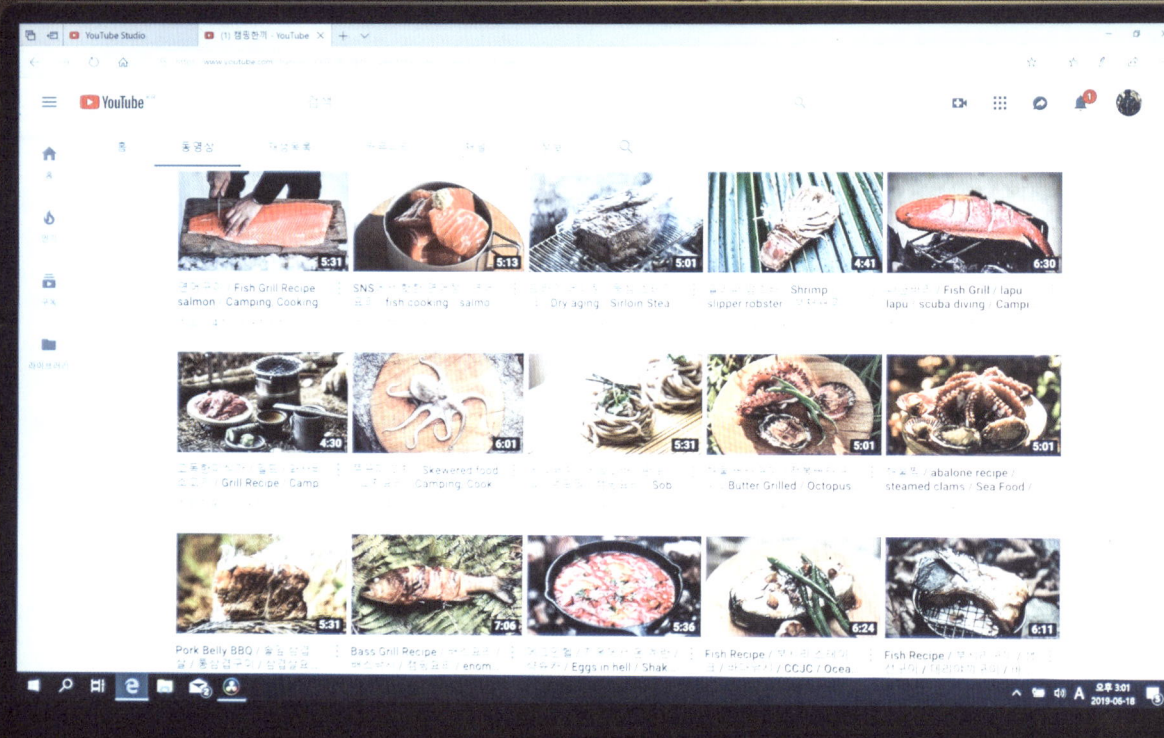

## Story

캠핑한끼는 말 그대로 캠핑에서 스스로 한끼를 해결하는 영상이다. 대사도 없고 요란한 퍼포먼스도 없다. 숲 한가운데 코펠을 툭 던져놓으면 요리가 시작된다. 조리 방법도 단순하다. 나이프로 썩썩 썰어낸 뭔가를 굽거나 끓이거나 볶는 게 전부다. 특별한 사건도 벌어지지 않는다. 그저 자연에서 들려오는 바람 소리, 나뭇잎 흔들리는 소리, 계곡의 물소리, 산새 소리, 요리가 익어가는 소리만이 가득하다. 카메라는 그 평화로운 풍경을 가만히 응시한다. 음식으로 치면 일체의 화학조미료 없이 재료 본연의 맛으로 승부하는 자연주의 밥상이다. 느린 속도로 자연을 관조하며 요리를 매개로 색다른 아웃도어 라이프를 제안하는 힐링 채널. 조용한 힘으로 구독자를 사로잡는 캠핑한끼의 매력은 무엇일까?

Creator

### '갬성'을 자극하는 고감도 콘텐츠

캠핑한끼는 양보다 퀄리티로 승부하는 고감도 콘텐츠다. 업로드된 전체 영상 수는 많지 않다. 수치로 보면 더욱 명확해진다. 현재(2020년 4월 기준)까지 등록된 영상 수는 105편이다. 2013년 12월 채널 개설 이후 한 달 평균 1.3회 콘텐츠를 업로드했다. 구독자 수가 10만 이상인 인기 유튜브의 경우, 콘텐츠 업로드 기간이 일주일에 2편 이상임을 감안하면 꽤 느린 편이다. 방송 등으로 인지도를 쌓은 연예인이나 유명인의 채널도 아니다. 정보 제공은 레시피와 캠핑 장비, 촬영 장소 정도로 한정되어 있고, 댓글이나 이벤트를 통한 구독자와의 소통에 적극적인 편도 아니다. 그럼에도 구독자 수 17.4만 명, 전체 조회수 1,223만 회, 최다 조회수 232만 회라는 기록은 꽤 의미 있다. 무엇보다 구독자의 채널 충성도가 높다. 캠핑 문화에 관심이 없더라도 캠핑한끼를 계속 보게 되는 데는 여러 가지 이유가 있다.

먼저 아름다운 영상이 눈을 즐겁게 한다. 감각적인 영상미가 돋보이는 캠핑한끼는 시각적인 만족도가 높은 채널이다. 평균 러닝타임 5분 내외로 영상 길이는 짧은 편이나 매 편마다 구도와 편집의 내공이 상당하다. 이 채널의 운영자는 사진가 김종훈이다. 카누와 스쿠버다이빙을 즐기는 그는 캠핑 마니아이기도 하다. 스튜디오 한편에 직접 만든 요리 사진을 가득 붙여놓을 만큼 요리하는 것도 좋아한다. 김종훈의 사적인 취미 생활과 생업의 기술이 만난 결과물이 바로 캠핑한끼인 셈이다. 덕분에 영상에서도 사진가 특유의 앵글과 자연광 활용이 돋보인다. 그는 여전히 사진가로 활동하며 유튜브 활동도 병행하고 있다. 캠핑한끼의 모든 영상은 실제로 그가 바쁜 일상 중 짬을 내어 떠난 캠핑에서 직접 체험한 것들이다. 인트로에 쓰인 풍경 이미지 중 일부는 이전의 여행에서 찍어둔 것을 사용하기도 한다. 한 편의 영상에 서로 다른 시기와 장소가 공존해도 어색함은 없다. 캠핑한끼가 추구하는 감성과 기준이 분명하기 때문이다.

캠핑한끼에는 아름다운 자연과 함께 카누, 스쿠버다이빙, 낚시, 트레킹 등 다채로운 아웃도어 라이프가 등장한다. 캠핑한끼 김종훈이 생각하는 캠핑은 자신이 좋아하는 레저를 좀 더 오래 즐기기 위한 수단이자 또 다른 삶의 방식을 제시하는 하나의 문화다.

## Story

### 슬로 라이프를 위한 완벽한 조언

캠핑한끼를 보다 보면 아날로그풍의 손때 묻은 장비들이 유독 눈에 띈다. 반합을 이용한 조리 도구나 용암석 판, 직접 개조한 스토브 등 욕심나는 물건들이 많다. 이 도구들은 요리의 종류와 주변 상황에 따라 매번 그 쓰임을 달리한다.

캠핑한끼에는 슬로 라이프 Slow Life를 기반으로 하는 3가지 룰이 있다. 첫 번째는 '간단한 레시피'다. 누구나 쉽게 요리할 수 있도록 복잡한 레시피를 단순화시킨다. 까다로운 동파육의 레시피도 3단계를 넘지 않는다. 두 번째는 '자연주의 재료'다. 라면 등의 인스턴트 음식을 배제하고 건강한 식자재로 자연과 어울리는 소박한 한끼 식사를 마련한다. 세 번째는 '제한된 장비'다. 예를 들면 원형 나무 도마가 음식을 담는 접시 혹은 덮개가 되기도 하고, 군용 반합이 오븐이 되기도 한다. 김종훈은 필요한 장비를 늘리는 대신 이미 보유하고 있는 장비를 다양하게 요리에 활용하는 방법을 고민한다. 이러한 가이드라인은 영상의 성격을 결정하고 전체적으로 통일된 느낌을 부여한다. 그렇게 완성된 캠핑한끼는 캠핑한끼라는 새로운 장르를 만들어낸다.

분명 요리를 하지만 쿡방은 아니다. 먹방은 더더욱 아니다. 가끔 시식 장면이 등장하기는 하나 먹는 모습에 집중하진 않는다. 또한 요리 전문 채널이라고 하기엔 레시피에 대한 설명이 불친절하다. 대신 그 자리를 메꾸는 건 자연의 소리와 풍경이다. 캠핑한끼에서 본격적으로 외장 마이크를 쓰기 시작한 건 5년 전, 장봉도 백패킹에서 촬영한 '도미구이'편이다. 그 이전엔 카메라 자체의 스피커만 이용해 촬영을 해왔다. 카메라의 보디와 렌즈가 이미 정해진 상태에서 김종훈은 기존 장비의 사양을 높이는 대신 지향성 외장 마이크를 하나 추가했다. 캠핑한끼에서 흘러나오는 자연의 소리에 매력을 느끼는 구독자의 반응이 사운드의 중요성을 상기시켰다. 바람이 부는 소리, 모닥불 소리, 빗소리, 나뭇잎이 바스락거리는 소리 등은 우리의 뇌를 자극해 심리적인 안정을 유도한다. 백색소음처럼 주로 청각을 중심으로 하는 인지적 자극에 반응하여 나타나는 자율 감각 쾌락 반응 Autonomous Sensory Meridian Response, ASMR이다. 캠핑한끼의 지속적인 ASMR은 마치 자장가와 같은 편안함과 행복감을 준다.

아웃도어 채널로 전문성도 갖추고 있다. 혼자 떠나는 솔로 캠핑이자 최소한의 장비를 이용하는 미니멀 캠핑인 한편, 숲 한가운데서 나뭇가지 등의 자연물을 활용해 유유자적하는 부시크래프트 Bushcraft의 성격도 엿보인다. 캠핑 장비의 대다수는 초기부터 줄곧 사용해온 것들로, 장비 마니아들의 호기심을 자극한다. 세월의 흔적과 손때가 고스란히 묻은 이 장비들 중엔 직접 커스텀한 것도 상당수다. 심지어 카누도 뚝딱 만든다('Building a wooden canoe'편 참고). 이처럼 캠핑한끼는 캠핑과 요리뿐 아니라 카누, 스쿠버다이빙 등 다채로운 레저 스포츠와 ASMR까지 포함한다. 한 편의 영화에 액션, 코미디, 멜로, 스릴러 등 여러 장르가 섞여 있는 것처럼 말이다. 공감 포인트는 구독자의 성향에 따라 다를 수밖에 없다.

Story

## 강력한 아웃도어 콘텐츠 브랜드로

캠핑한끼에 자주 등장하는 '내셔널지오그래픽 매킨리 V2 백팩'. 촬영이 있을 때마다 여기에 소형 텐트와 요리 도구들을 넣어 전국을 누빈다. 실제 백패킹을 할 때는 70리터 짜리 '고싸머기어 Gossamer Gear' 배낭을 주로 사용하는 편이다.

최근 캠핑한끼는 영상별 특성을 좀 더 강조하고 있다. 영상별로 각각 캠핑 팁, 레시피, 인트로(영상미)로 콘텐츠의 무게중심을 나누기 시작했다. 예를 들어 '꼬치어묵탕'편에서는 얼어붙은 강 위에 텐트를 치는 장면이 덧붙는다. 캠핑의 노하우다. 요리를 더욱 맛있게 즐기는 법을 알려주는 '숯불삼겹살'편은 특별한 인트로 없이 얼음을 깨 얼음물 속에 소주를 꽂은 후 바로 고기를 굽는다. 구운 대파와 갈치속젓을 곁들여 먹는 방법은 물론 먹는 소리까지 포함시켰다. 반면 '참돔구이'편은 생선을 굽는 레시피 자체는 매우 심플하다. 대신 해무 가득한 바다 위를 자유롭게 유영하는 인트로가 굉장히 스펙터클하다. 가시만 남은 생선이 하늘에서 내려다본 섬의 풍경과 겹치면서 줌아웃하는 엔딩도 인상적이다.

카누를 타고 캠핑을 즐기는 유튜버 미로와 마쿤처럼 매력적인 캐릭터도 등장하기 시작했다. 이색적인 아웃도어 라이프를 즐기는 여러 인물들을 주인공으로 하는 캠핑하루는 오래 공들인 아름다운 영상과 영화적인 서사를 통해 다양한 삶의 방식을 보여준다. 이는 캠핑한끼가 단순히 레시피 채널을 넘어 아웃도어 라이프 전반을 아우르는 콘텐츠 브랜드로 성장해가고 있다는 것을 증명한다. 유튜브 시대에 콘텐츠는 누구나 만들 수 있지만 브랜드를 만드는 건 다른 얘기다. 그런 점에서 자연에서의 삶이라는 분명한 취향과 연출자의 역량이 돋보이는 차별화된 스타일로 꾸준히 콘텐츠를 생산하고 있는 캠핑한끼는 이미 유튜브 콘텐츠를 넘어 하나의 강력한 브랜드다. 유튜브 크리에이터 김종훈에게 주어진 다음 과제는 '이 브랜드의 영역을 어디까지 확장시킬 것인가'이다. 그 해법은 결국 자기만의 레시피로 찾아야 한다.

# Wild Life in the City

신사동 가로수길의 사진 스튜디오에서 캠핑한끼 김종훈을 만났다.
그의 본업은 사진가다. 아웃도어 라이프와 요리를 즐기던 그가 자연에서 느낀
여유와 행복을 소박한 한끼 식사에 담기 시작한 건 약 6년 전이다.

WORDS BY LEE MEEHYE
PHOTOGRAPHS BY TJ KIM

**유튜브를 시작한 이유가 궁금하다.**
취미로 카누를 타다 캠핑에 관심이 생겼다. 혼자 백패킹을 다니면서 관련 영상을 찾아보니 이 정도라면 나도 할 수 있겠다 싶어 뚝딱 만든 것이다. 설마 누가 볼 줄은 몰랐고.(웃음)

**처음부터 '캠핑한끼'를 계획한 것인가?**
원래 이름은 솔로캠프 Solo Camp였다. 뉴스에 혼자 하는 캠핑에 대한 얘기가 나올 정도로 조금씩 사람들이 솔로캠핑에 관심을 갖던 때였다. 처음엔 우드 스토브 사용법이나 드립 커피 영상 같은 걸 찍었다. 나뭇가지 위에 반합을 놓고 뜨거운 물을 끓이는 게 전부인 영상도 있다.

**반응은 어땠나?**
반응이 없었다. 당연히 보는 사람도 없었고 아무도 관심이 없었다. 그렇다고 구독자 수를 의식해 요리를 시작한 건 아니다. 두세 편을 촬영해보며 배워가던 시점에 자연스레 요리로 넘어간 것이다. 나는 요리를 좋아하니까 요리를 주제로 해보면 재미있을 것 같았다.

**요리를 따로 배운 것인가?**
유튜브로 배웠다. 잘 못한다. 맛과 비주얼은 다른 문제니까. 푸드 스타일리스트가 전부 요리사가 되는 건 아니지 않나.

**스튜디오 벽면을 채운 음식 사진은 모두 여기서 요리해 촬영한 것처럼 보인다.**
라면에 빠져 온갖 종류의 라면을 만들던 때가 있었다. 친구들에게서 연상되는 각각의 레시피로 만든 '한끼라면'이다. 전문적인 건 아니지만 스튜디오에 가스버너를 갖다 두고 종종 혼자 요리를 했을 만큼 음식 만드는 걸 좋아했다. 가로수길에 사진 스튜디오를 차린 게 2008년이니까 벌써 11년이다.

**아무래도 혼자 하는 촬영은 앵글이 한정적이다. 그런 점에서 요리는 1인 크리에이터에게 유리한 소재다.**
맞다. 삼각대만 설치하면 되니까. 보통의 캠핑 영상은 어딜 가는 모습을 찍는데 혼자서는 촬영이 쉽지 않다. 요리는 내가 좋아하는 분야이기도 하고 과정 컷을 찍을 때도 손만 나오면 된다.

**캠핑한끼에는 본인의 얼굴이 거의 등장하지 않는다. 촬영상의 편의 외에 다른 이유가 있나?**
연기하지 말라더라. 내 얼굴이 안 나오는 게 구독자를 늘리는 유일한 방법이라고.(웃음) 꿈에서 깨듯 내가 자연 속에 있다 현실로 돌아오는 콘셉트의 영상을 올린 적이 있는데 원성이 높았다. 내가 또 주변 사람들의 말을 귀담아 듣는 편이라….

**캠핑한끼는 말 그대로 캠핑에서 스스로 한끼를 해결하는 영상이다. 실제로 매번 캠핑을 떠나는가?**
예전엔 1박 2일로 백패킹을 다녔다. 본업이 사진가라 지방 출장이 많다 보니 촬영 장소가 대부도면 대부도 근처 캠핑장에서 하룻밤을 자고 올라오는 식이었다. 솔로캠핑에서 캠핑한끼로 이름을 바꾸고 처음 올린 영상이 '해물파스타'편인데 그것도 캠핑장에서 찍었다. 지금 다시 영상을 보면 공사하는 소리까지 다 들린다. 산에서 혼자 시간을 보내는 게 너무 좋았다. 겨울 산은 특히 매력적이고.

**과거형이다. 더 이상은 캠핑을 하지 않는다는 얘기로 들린다.**
처음에 생각한 건 카누를 타고 어딘가로 떠나 백패킹을 하고, 그러면서 요리하는 과정을 찍는 거였다. 그런데 현실은 영상 찍기도 벅차다. 카누를 타다 뭍으로 나오면 짐부터 내리고 빨리 텐트 치고 촬영하기 바쁘니까. 무슨 캠핑을 또 하나 싶고, 귀찮아지는 거지.

**카누는 어떻게 시작한 것인가?**
고향이 춘천인데 거기서 카누 공방(카노아)을 운영하는 친구가 있다. '카노아'의 홍보 사진이 필요하다고 해서 춘천의 여러 지역을 같이 다니며 촬영을 한 게 계기가 됐다. 천천히 물 위를 떠가는 게 느리게 걷는 느낌이랄까? 재밌더라. 강에서 보는 풍경도 색다르고. 그때부터 친구랑 둘이서 국내의 다운 리버하는 강들을 쭉 돌았다. 홍천강이ㅣㅏ 내린천 같은 곳. 강이 얼지만 않으면 한겨울에도 카누를 탔다. 처음엔 수영을 하지 못해서 불안하기도 했는데 지금은 카누를 직접 만들 정도로 즐기고 있다.

**캠핑한끼에도 카노아와 협업한 카누 제작 영상이 있다.**
국내에도 카누 관련 동호회가 많다. 수입 카누나 플라스틱 카누를 타는 분들도 있지만 나처럼 우든 카누를 스스로 제작하기도 한다. 작년 겨울에 만들었는데 보름 정도 걸렸다. 겨울엔 날이 춥다 보니 나무가 잘 마르지 않는다. 생각보다 힘들더라. 친구가 많이 도와줬다.

**얘기가 나와서 말인데 카약과 카누는 어떤 차이가 있나?**
간단히 설명하면 카약은 양날로 패들링하는 거고 카누는 외패들이다. (스튜디오 한편에 놓인 패들 하나를 가리키며) 저게 카누 패들이다. 동해 쪽이 물이 맑아 투명 카약이 유명하다. 올라타면 물속이 다 보인다.

## Interview

**카누는 보통 얼마 정도 타는가?**

코스를 어떻게 잡느냐에 따라 다른데 보통 1박 2일이면 40분 정도 카누를 타고 강으로 들어가 낚시를 하거나 거기서 캠핑을 하고 다음 날 돌아온다. 15분 정도의 짧은 코스일 때는 주변 투어를 한다. 얼마 전엔 충주호에 갔는데 그때는 30분쯤 카누를 탔다.

**캠핑한끼 영상 중엔 스쿠버다이빙을 하는 장면도 꽤 있다.**

스쿠버다이빙 역시 나에게 카누의 재미를 알려준 친구의 제안으로 시작했다. 그 친구는 정말 여러 취미 활동을 하는데 뭘 같이 하자고 한 건 스쿠버다이빙이 처음이었다. '죽기 전에 꼭 해봐야 한다'고 강력히 추천했다. 동해 쪽에서 오픈 워터를 탔는데 첫날은 무서워서 죽는 줄 알았다. 어떻게든 핑계를 대고 도망갈 궁리만 했다. 그런데 점점 재미있어지더라. 바닥을 기어다니다 중성부력을 조절하는 방법을 알게 되니 신기하고 흥미로웠다. 스쿠버다이빙을 하러 해외도 나가게 되고.

**해외에서 스쿠버다이빙을 하며 찍은 영상은 무엇인가?**

알리망오 게 요리와 '라꾸라꾸'라고 불리는 다금바리 생선, 그리고 슬리퍼 랍스타. 부채살 새우라고도 하는데 머리가 에어리언처럼 넓적하다. 모두 현지에서만 구할 수 있는 식자재들이다. 필리핀 보홀과 팔라완 코론섬에서 촬영했다.

**사전 허가 없이 해외에서 요리 촬영이 가능한가?**

보통 일주일 정도 스쿠버다이빙 투어를 가면 하루는 쉬니까 새벽에 수산 시장에서 장을 보고 촬영을 한다. 현지인에게 그때그때 촬영 가능한 장소를 물어 찍는데 솔직히 매번은 힘들다. 장소를 찾는 것뿐만 아니라 재료 수급도 쉽지 않고, 여건상 요리 방식도 그냥 굽는 게 전부다. 그래서 최근에는 우리나라에서 요리를 찍고 해외에서 촬영한 스쿠버다이빙 영상을 편집해 붙이기도 한다.

**영상 중간에 '본 촬영은 취사가 가능한 지역에서 진행하였다'는 자막이 나온다. '허가받지 않은 지역에서 취사나 야영을 하는 것은 불법'이라는 교육적 메시지도 있다. 초기 영상에는 없었던 부분이다.**

어느 날 산림청에서 연락이 왔다. 이런 내용을 명시해주면 좋겠다고 해서 시작한 것이다. 그전에도 촬영 장소의 지명이나 '개인 사유지에서 찍었다'는 식의 설명을 남기긴 했는데 적극적이진 않았다. 대개는 잘 안 읽는다. 그래도 꾸준히 계속 남기고는 있다.

**캠핑한끼의 강점 중 하나가 뛰어난 영상미다. 그 제작 과정이 궁금하다.**

먼저 메뉴를 선정한 다음 그 메뉴와 어울릴 만한 인트로를 고민한다. 이미 촬영해놓은 영상 중에 적당한 게 있으면 딱 퍼즐처럼 맞추면 된다. 그렇지 않을 땐 새로 촬영에 들어간다. 이번에 촬영할 영상을 예로 들어보자. 일단 메뉴는 홍천을 테마로 한 화로구이다. 양념한 돼지고기를 숯불에 구울 예정이다. 메뉴가 정해지고 어느 정도 레시피의 구조가 나오면 그다음 순서는 어떻게 홍천다운 인트로를 찍느냐 하는 것이다. 때에 따라 이 모든 게 동시에 진행되기도 하고 선후가 바뀌기도 한다.

**한 편을 완성하는 데 보통 어느 정도의 시간이 걸리나?**

평균을 내기가 애매하다. 촬영 준비부터 유튜브 업로드까지를 전체로 봤을 때 '떠먹는 감자 피자' 같은 경우는 1년 넘게 걸렸다. 2년 전에 찍고는 보강 촬영을 하려고 묵혀두었다가 비가 오길래 그냥 올려본 것이다. 다행히 생각보다 반응이 좋았다.

**완벽주의적인 성향이 엿보인다. 급하면 그냥 쓸 만도 한데….**

스스로를 괴롭히는 좀 피곤한 스타일이긴 하다. 그리고 끝내 보강 촬영을 하지 않은 게으름이 또 있는 거고.(웃음)

**반대로 가장 빨리 완성된 메뉴는 무엇인가?**

아무래도 초기 영상들이다. 러닝타임이 2~3분대다 보니 작업 기간도 짧았다. 정말 캠핑에 푹 빠져 있던 때이기도 했고. 길을 가다 30분 만에 찍은 영상도 있다. '치즈토스트'편이 그런 경우다. 강촌의 어느 강변에서 찍은 다음 바로 편집해서 올렸다. 그때는 뭘 찍고 나면 빨리 결과물을 보고 싶어 피곤한 줄도 모르고 곧장 편집을 했다. 모든 게 다 너무 재미있었다. 레시피도 복잡한 게 없고 쉽다. 그냥 빵 구워서 치즈 올리면 끝. 그렇게 저렴한 재료로 쉽게 만들다 점점 욕심이 생겼다. 갑자기 동파육을 한다든지… 오버하기 시작하는 거다.(웃음)

**레시피 촬영만 해도 한참 걸리겠다.**

보통 4~5시간 정도 소요된다. 요리를 준비하기까지 걸리는 시간도 있고, 컷마다 계속 구도를 바꿔가며 찍어야 하기 때문이다.

자연광을 이용한 촬영이라 빛이 중요할 텐데 5시간 동안 해의 방향은 계속 달라지지 않나.

맞다. 나무가 있어 그림자가 계속 바뀌니까 위치를 옮겨가며 찍어야 한다. 그래서 시간이 더 오래 걸린다. A에서 찍다가 조금 지나면 B에 빛이 들어오고 A에는 그림자가 지고. 그러면 톤을 맞추기 위해 계속 화롯대와 장비를 옮기는 거다. 특히 겨울은 해가 짧아 마음이 급해진다.

메뉴를 정할 때 계절도 중요하겠다.

제일 먼저 생각하는 부분이다. 날씨에 따라 어울리는 메뉴가 있다. 겨울에는 스키야키나 전골 같은 뜨끈한 게 당기고 가을 전어처럼 계절별 재료도 다르다.

사실 캠핑에서 할 수 있는 요리엔 한계가 있지 않나? 장비도 제한적이고 조리 방식이 너무 복잡해도 안 된다. 더구나 캠핑한끼는 인스턴트 음식을 배제하고 자연주의 재료만을 고집한다.

그래서 요즘은 조회수를 높이기 위해 라면을 끓여볼까 싶기도 하다.(웃음)

'라면한끼'라는 패러디 영상도 있더라.

유튜브에서 나도 봤다. 캠핑한끼 패러디 영상 중에 개인적으로 제일 재미있게 본 건 '노가다한끼'다. 리얼하게 잘 만들었더라. 꼭 한 번 검색해보라.

현재 인기 동영상 1위는 232만 회(2020년 4월 기준)를 기록한 '숯불 삼겹살구이'다. 어떤 메뉴인가에 따라 구독자들의 반응도 달라질 것 같다.

초기엔 아무 생각 없이 메뉴를 정했는데 구독자 수 10만이 넘어가면서 생각이 많아졌다. 그게 작년 초의 일이다. 본업이 있다 보니 영상 업로드를 자주 할 수는 없지만 좀 더 많은 사람들이 좋아할 수 있는 영상을 만들고 싶었다. 그러면서 지난 기록을 찾아봤다. 확실히 인기 있는 건 육류 메뉴였다. 문제는 내가 육류를 소홀히 했다는 거였다. 캠핑한끼 영상 전체에선 육류와 해산물의 비율이 거의 비슷했다.

아무래도 해산물은 쉽게 상하니까 야외에서는 먹기 힘들다.

그러니까 말이다. 그동안 얼마나 내 위주로 메뉴를 정했는지 그때 알게 되었다. 이후로 '뼈등심을 먹는 3가지 방법'이라든지 스테이크, 삼겹살 등 고기를 주제로 여러 가지 메뉴를 진행했다. 다행히 조회수가 나쁘지 않았다. 대신 이런 댓글이 달리더라. '왜 얘는 맨날 굽기만 하냐'. 조리 방식도 다양해야 하니 고민이 많다.

유튜브를 처음 시작했을 당시엔 보는 사람도 없었고 아무도 관심이 없었다.
그렇다고 구독자 수를 의식해 요리를 시작한 건 아니다. 두세 편을 촬영해보며 배워가던 시점에 자연스레 요리로 넘어간 것이다.
나는 요리를 좋아하니까 요리를 주제로 해보면 재미있을 것 같았다.

1
구독자 수 10만을 기념해 준비하던 캠핑한끼 레시피 북. 스튜디오 한쪽 벽면에 지금까지 촬영한 음식 사진을 모두 출력해 붙여놓고 틈날 때마다 글을 쓰고 그림을 그린다. 사진 가운데 붙인 아이패드는 음악을 듣거나 자료를 찾는 용도. 책을 제작하는 과정 역시 영상으로 촬영 중이다.

2
사진 스튜디오지만 언제고 캠핑을 떠날 수 있는 거의 모든 장비가 갖춰져 있다. 촬영을 다닐 때 즐겨 사용하는 검은색 배낭엔 '캠핑한끼' 와펜을 만들어 붙였다.

I
NEVER
READ
I JUST
LOOK
AT
PICTURES

*Andy Warhol* 〰

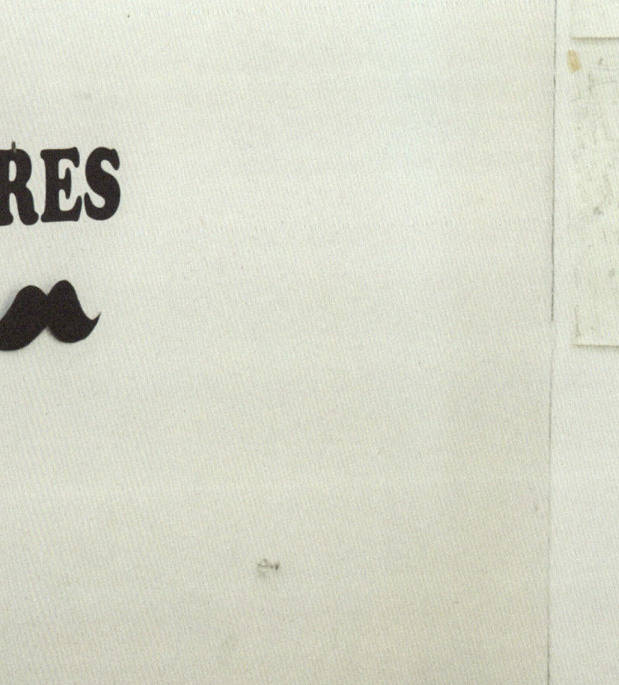

Interview

**그렇게 분석한 자료를 토대로 작정하고 만든 첫 영상이 무엇인가?**
2019년 첫 번째 영상으로 1월 13일에 게시한 '짚불구이삽겹살'이다. 그다음은 일본 드라마 <기묘한 이야기> 중 '이상적인 스키야키'편의 패러디 영상이다. 영화나 드라마에서 화제가 된 요리를 캠핑 스타일로 재구성한 작업은 늘 반응이 좋았다. <고독한 미식가>에 나왔던 '와사비소고기'나 '1인 화로구이', <리틀 포레스트> '봄'편의 두릅튀김도 그랬다. 겨울이 끝나갈 무렵엔 '티본스테이크'와 '꼬치어묵탕'을 올렸다. 그리고 마침내 '숯불삼겹살구이'가 최단기간 조회수 100만을 찍었다. 영상에 소주가 나온 것도 그때가 처음이다.

**캠핑한끼에는 술이 거의 등장하지 않는다. 특별한 이유가 있나?**
요즘 생각하는 것 중 하나가 음식과 궁합이 맞는 주류 메뉴다. 삼겹살과 소주, 어묵탕과 사케, 튀김과 맥주 같은 것. 음주 역시 캠핑의 즐거움 중 하나인데 내가 너무 요리에만 집중한 경향이 있다. 외국에선 스테이크를 구울 때도 위스키를 많이 쓰지 않나. 보드카를 섞은 수박화채도 재미있고, 올겨울엔 뱅쇼를 만들어볼까 한다. 사실 담금술도 생각했었다. 고향 집 마당에 자두나무가 한 그루 있는데 그 자두를 따다 술을 담그는 거다. 그리고 땅속에 묻었다가 100일쯤 지나 익은 술을 꺼내 마시는 장면을 상상했다. 그런데 올여름엔 자두가 하나도 열리지 않아서 망했다.(웃음)

**이쯤 되면 본업이 의심스러울 정도다. 카누, 스쿠버다이빙, 캠핑, 요리, 그리고 담금술까지 취미가 너무 많다.**
사실 사진도 취미로 시작했다. 회사 생활을 하다 문득 '내 작업을 하고 싶다'는 생각이 들어 원룸을 빌려 작업실로 꾸미고는 주말엔 사진을 찍고 평일엔 회사를 다녔다. 그게 스물다섯 살 무렵이다. 한창 싸이월드에 사진 올리는 게 유행이던 때였는데 반응이 좋길래 내가 재능이 있는 줄 알았다. 사진을 전공한 것도 아니고 스튜디오에서 어시스턴트 일을 한 적도 없다. 진짜 아무것도 모르고 혼자 조명을 사다 이것저것 찍었다. 결혼을 앞둔 회사 동료의 커플 사진도 찍고, 주말마다 프로필 촬영이나 웨딩 촬영을 했다. 그렇게 지금까지 온 것이다.

**2013년 12월 16일 유튜브 채널을 개설했다. 처음 구독자가 생겼을 때 기분이 어땠나?**
기억에 남는 게 구독자 수가 500명이 되었을 때다. '왜 500명이나 이걸 볼까?' 신기했다. 지금과는 느낌이 되게 다른 게 그때는 한 분 한 분이 사람의 형체로 인식되었다. '이런 사람이 내 채널을 보는구나' 구독자 정보를 검색해보기도 하고.

**구독자들과 함께 캠핑을 해볼 생각은 없나?**
같이 캠핑을 가자고 연락은 자주 온다. SNS를 통해 남자들이 DM을 많이 보낸다. 노예라도 될 테니 데려가 달라는 분도 있고.(웃음) 딱 한 번 만난 적이 있다. 구독자 수가 1만 명도 안 되었을 때인데 스튜디오로 전화가 왔다. 당시엔 홈페이지 링크를 걸어놓아 연락처가 오픈된 상태였다. 스튜디오에서 만났는데 내 영상을 보면 힐링이 된다고 했다. 야근하면서 도시락을 먹을 때 꼭 캠핑한끼를 틀어놓는다고. 기회가 되면 같이 캠핑을 가자고 했는데 아직까지는 실현되지 못했다. 지금도 호형호제하며 잘 지내고 있다. 그 친구가 진행하는 브랜드의 제품 사진을 내가 찍기도 하고.

**영상에 댓글도 거의 달지 않는 편이다. 별도의 소통 방법이 있는가?**
유튜브 내에 '커뮤니티'라는 메뉴가 있는데 최근에 그걸 시작했다. 그런데 그것도 뭔가 주제를 정하지 않으면 인스타그램과 내용이 중첩될 것 같더라. NG 컷이나 비하인드 영상 같은 걸 커뮤니티에서 활용해보면 어떨까 생각하고 있다. 아직 짜임새를 갖추지 못한 상태지만 천천히 해나갈 계획이다.

**캠핑한끼를 토대로 한 레시피 북을 만들고 있다고 들었다.**
구독자 수가 10만이 되면 기념 선물로 드리려고 2018년에 기획한 건데 생각보다 10만이 빨리 되어버렸다. 지금은 17만이다. 이 숫자가 한번에 올라간다. '숯불삼겹살구이'편이 해외에서 터지면서 조회수나 구독자 수에 큰 도움이 되었던 것 같다. 책은 지금도 준비 중이다.

**'실버 버튼 개봉기' 영상도 캠핑한끼답다. 배낭 속에서 꺼낸 실버 버튼이 숲속에서 점차 골드, 다이아몬드로 바뀌는 모습이 인상적이었다. 다음 목표는 무엇인가?**
새로운 계획보다는 지금까지 생각해온 아이디어를 구체화시키려고 한다. 작년 가을에 시작한 '캠핑하루'라는 콘텐츠도 오래전부터 생각해온 것을 그제야 촬영한 것이다. 캠핑한끼가 단순히 레시피 채널로 그치는 게 아니라 아웃도어 라이프 전반을 아우르는 콘텐츠로 성장했으면 한다. 그 출발점인 캠핑하루는 매력적인 인물을 통해 다양한 아웃도어 라이프 스타일을 제안하는 캠핑한끼의 또 다른 이야기다.

3
스튜디오의 모든 벽은 누드 크로키부터 스케치와 메모까지, 온갖 이미지와 아이디어로 가득하다. 한쪽에는 'I Never Read I Just Look at Pictures'라는 앤디 워홀의 유명한 문구가 적혀 있다.

## Interview

> 가끔 내게 '이런 채널을 만들어보려고 하는데 어때?'라고 묻는 친구들이 있다. 나도 모른다. 일단 직접 해봐야 알 수 있다. 진짜 하고 싶은 콘텐츠가 있다면 빨리 만들어보는 거다. 그러면 답이 나온다.

캠핑하루는 마치 한 편의 아름다운 영화 같다. 카누를 타고 캠핑을 즐기는 미로와 마쿤 커플의 조용한 하루가 안개 자욱한 풍경 속에서 그림처럼 흘러간다.

실제로 12분짜리 영화를 만든다는 생각으로 다양한 영상적 요소를 시도하고 있다. 예를 들어 1편 '카누캠핑'의 마지막 부분을 보면 미로 님이 촬영한 스틸 사진이 모닥불 소리와 함께 쭉 흐른다. 그러고는 다시 어딘가로 떠나는 카누의 수중 컷으로 끝을 맺는다. 기존의 레시피 중심의 영상에서는 볼 수 없던 부분이다. 이런 분들과 협업하는 것도 재미있다.

**캠핑하루의 다음 주인공은 누구인가?**

지금 얘기 중인 분은 오두막에서 생활하는 남자분이다. <나는 자연인이다> 같은 건 아니고, 도시에 살면서 주말마다 근교의 작은 오두막에서 책도 쓰고 평화로운 여가를 보낸다. 사실 지난겨울에 촬영을 할 계획이었다. 하얀 눈이 쌓인 외딴 오두막에서 불빛이 새어나오고 연기가 올라가는 풍경을 상상했다. 오두막의 겨울이라는 콘셉트을 정하고는 신나서 시나리오를 쓰고 소품도 준비했다. 그런데 문제가 생겼다. 기억할지 모르겠지만 지난겨울에 정말 눈이 안 왔다. 그래서 하지 못했다.

**매번 시나리오를 쓰고 촬영을 진행하나?**

캠핑한끼는 레시피 정도만 정리해두고 곧바로 촬영에 들어가지만 캠핑하루는 다르다. 주인공의 매력을 극대화시키고 싶어 여러 가지 상황을 미리 정리하는 편이다. 그래도 텀이 너무 길다는 건 인정한다. 원래는 1년에 네 편, 2~3개월에 한 편씩은 제작할 계획이었다. 캠핑카를 직접 만들어서 여행을 다니는 여성 유튜버 한 분과도 캠핑하루 촬영을 얘기 중이다. 아직 한번도 진행은 못했지만 음악을 주제로 한 콘텐츠도 제작해보고 싶다. '캠핑한곡', '캠핑한송' 같은 거. 일단 로고는 만들었다.(웃음)

**끈기와 열정 없이는 지속하기 힘든 작업이다. 언제 이 일을 좋아한다는 확신이 생겼나?**

영상에 대한 만족감을 느낄 때가 있다. 캠핑하루를 찍고 나서 아는 영화감독 형으로부터 연락이 왔다. '영상 되게 좋다, 잘 찍었다'고 하더라. 영상은 내 전문 분야가 아닌데 존경하는 분에게 칭찬을 받으니 기분이 묘하더라. 구독자들의 반응을 볼 때도 그렇고. 내가 연출한 영상 스토리가 누군가에게 재미와 감동을 준다고 생각하면 자꾸 더 잘하고 싶어진다.

**유튜브를 시작하고 지난 6년간 1인 크리에이터로서 제작 과정 전체를 오롯이 혼자 책임져왔다. 가장 어려운 점은 무엇인가?**

무엇 하나 쉽지 않다. 섭외도 어렵고 날씨도 내 뜻대로 따라주지 않는다. 열심히 영상 콘텐츠를 만들어 제법 구독자 수가 생겨도 그게 끝이 아니다. 지속적으로 콘텐츠를 제작하려면 시간과 노력, 돈이 필요한데 흔히들 얘기하는 유튜브 광고 수입도 별로 안 되고 브랜드 협찬도 틀어지면 힘이 빠진다. 다 부질없는 것 같고 스스로에게 부끄러워지는 순간이 있다. 그럴 땐 더 열심히 하는 수밖에 없다.

**영상 업로드 시 최초 공개 설정을 하면 채팅창이 활성화되어 후원도 받을 수 있지 않나?**

캠핑한끼는 길어야 15분이다. 1~2시간씩 이어지는 여타 생방송 라이브와 달리 좀 보다 보면 금세 끝난다. 그렇다 보니 보는 분들이 후원을 해야겠다는 생각을 못한다. 아, 딱 한 번 2000원을 받은 적이 있긴 하다.(웃음) 구독자들에게 후원을 받고 리액션을 하고, 그런 건 내겐 매력이 없다.

**예비 혹은 초보 1인 크리에이터들에게 해주고 싶은 말이 있다면?**

가끔 내게 '이런 채널을 만들어보려고 하는데 어때?'라고 묻는 친구들이 있다. 나도 모른다. 나와는 전혀 다른 장르인데 내가 어떻게 조언을 하겠나. 오히려 내가 묻고 싶다. 진짜 하고 싶은지, 10편 정도 만들 수 있는 아이템은 있는지. 물론 나 역시 처음엔 주변 사람들에게 의견을 묻고 조언을 구했다. 그런데 캠핑이나 이런 분야에 관심 없는 사람들에겐 물어봤자 큰 도움이 되지 않는다. 영상도 제대로 안 본다. 큰 의미가 없다는 걸 나중에야 깨달았다. 일단 해보면 되는지 안 되는지 정확히 알 수 있다. 진짜 하고 싶은 콘텐츠가 있다면 빨리 만들어보는 거다. 그러면 답이 나온다.

4
일상생활 속에서 문득 떠오르는 모든 아이디어가 캠핑한끼의 소재가 된다. 아직 기획 단계지만 영화 <김씨표류기>처럼 무인도에서 만들어 먹는 짜장면도 생각 중이다.

5
취미로 시작한 사진이 직업이 된 것처럼 캠핑의 재미에 빠진 덕분에 캠핑한끼가 탄생했다. 김종훈의 관심사는 깊고 넓다.

Creator

# Scenery of Inspiration

사진가, 영상 작가, 그리고 유튜버.
늘 새로운 이미지를 창조하는 크리에이터로서
캠핑한끼 김종훈의 사적인 취향과 그 영감의 흔적들.

WORDS BY LEE MEEHYE
PHOTOGRAPHS BY TJ KIM, SEO SONG Y., KIM ARAM

## 생각의 씨앗

어느 구독자분이 숯을 선물로 보내줘 숯이 주인공이 되는 요리를 생각하기 시작했다. 우연히 돋아난 생각의 씨앗을 성장시키기 위해선 물, 토양, 햇빛 같은 조건이 필요하다. 새로운 조리 방식과 그에 맞는 조리 도구가 선정되고 무심코 떠올린 아이디어와 이미지들이 퍼즐처럼 맞춰진다. 숯 위에 고기를 굽는 게 아니라 숯을 오븐으로 만들면 어떨까? 그렇게 상상 속의 요리를 현실에서 만난다.

# Inspiration

## 카메라와 사진

어두운 붉은빛이 인화지를 비추고 시큼한 현상액 냄새가 공간을 채운다. 어두운 암실만큼이나 바깥도 어두워진 지 오래다. 시간도 잊은 채 동아리 방에서 현상과 인화를 하던 시절이 있었다. 단순히 취미였던 사진은 그렇게 내 삶에 깊숙이 자리하게 되었다. 사진은 나의 생각을 표현하는 하나의 도구다. 이 도구를 이용해 요리를 기록한다. 만약 내가 목공을 할 줄 알았다면 나무를 깎았을 것이다.

## 영상과 유튜브

"그림으로 내가 만족하지 못하고 글쓰기 영역에 침범하는 것은 내가 예술을 하는 이유를 잘 보여준다." 1년 전 국립현대미술관에서 우연히 만났던 이 문구는 내가 영상을 시작한 이유를 대변해주는 듯했다. 사진이 과거로부터 지금까지의 나를 표현하는 도구였다면 영상은 지금부터 앞으로 나의 감성을 표현할 도구다. 여기, 유튜브를 통해.

# Inspiration

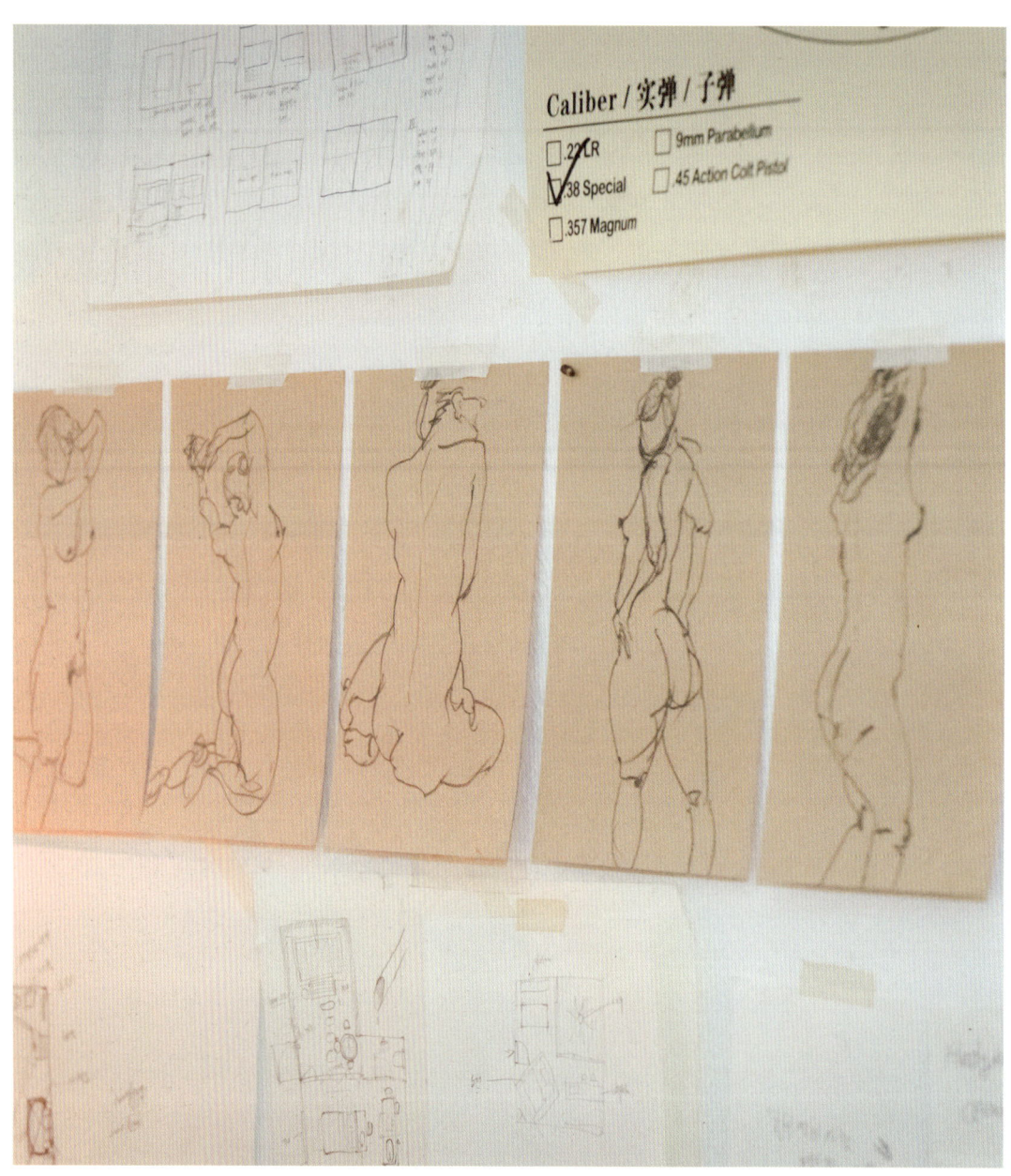

## 누드 크로키

그림 그리는 걸 좋아하는데 정식으로 배운 적이 없어 3년 전 동네의 작은 미술학원을 찾았다. 여행지에서 처음 만난 사람이나 그날의 풍경을 그림으로 남기고 싶었다. 크로키를 택한 이유는 지루한 걸 싫어하고 집중력이 약한 내 성격 탓이다. 순간적으로 빨리 캐치한다는 점에서 크로키는 사진과 비슷한 매력이 있다. 카메라를 대신하는 감각적인 기록의 장치다.

## 아웃도어 라이프

한창 캠핑에 빠져 있던 시절에는 온종일 캠핑 생각만 했다. 캠핑을 하면서 숲을 만나고 스쿠버다이빙을 통해 바다를 느끼며, 카누를 타고 강과 호수를 가까이한다. 자연을 보는 관점을 달리하고 순간의 경험을 극대화하며 나만의 감성을 타인과 공유한다. 아웃도어 라이프는 내가 표현하고자 하는 사진과 영상에 깊은 영감이 된다. 그건 지금도 마찬가지다.

# Creator

Inspiration

### 소리의 풍경

요즘은 빌리 아일리시의 노래를 자주 듣는다. 그녀의 음악에서 해무로 가득한 강의 풍경이 떠올랐다. 최근 드론으로 촬영한 영상이 그것이다. 청각 이미지가 어떻게 시각 이미지로 구현되는지 그 과정을 말로 설명하긴 힘들다. 그저, 듣는 순간 영상이 펼쳐지는 그런 음악이 있다고 말할 수밖에.

# Shooting Log

**한 편의 요리 영상이 탄생하기까지 얼마나 많은 시간이 걸릴까?
촬영 준비부터 영상 업로드까지 캠핑한끼의 전 제작 과정을 한 땀 한 땀 공개한다.**

WORDS BY LEE MEEHYE
PHOTOGRAPHS BY TJ KIM, SEO SONG Y.
ILLUSTRATION BY KIM JONGHOON

## #1 생각하기

☑ 일상생활 속에서 떠오르는 아이디어를 정리한다. 촬영 콘셉트를 정할 때는 동시에 여러 가지를 고민하는 편이다. 머릿속에 커다란 캐비닛이 있다 생각하고 아이디어가 떠오를 때마다 폴더에 넣어둔다.

☑ 레시피는 계절, 조리 방법, 플레이팅 등을 고려해서 구성한다.
인트로와 엔딩은 계절을 잘 표현할 수 있는 느낌과 드론 등으로 다양한 앵글을 고민한다.

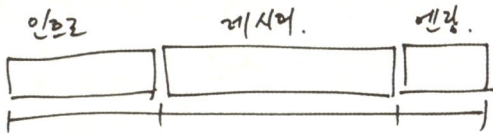

☑ 인트로 / 레시피 / 엔딩을 각각 폴더별로 생각한다.

☑ 어울릴 만한 영상끼리 놓여본다. 예를 들어 해산물 요리엔 바다 인서트가 어울릴 것이다. 이때 엔딩은 바다 드론 영상이다. 이미 촬영한 영상이 있을 땐 해당 영상을 가져다 쓰기도 한다.

☑ 그렇게 각각 구상한 영상은 한 편의 이야기로 완성된다.

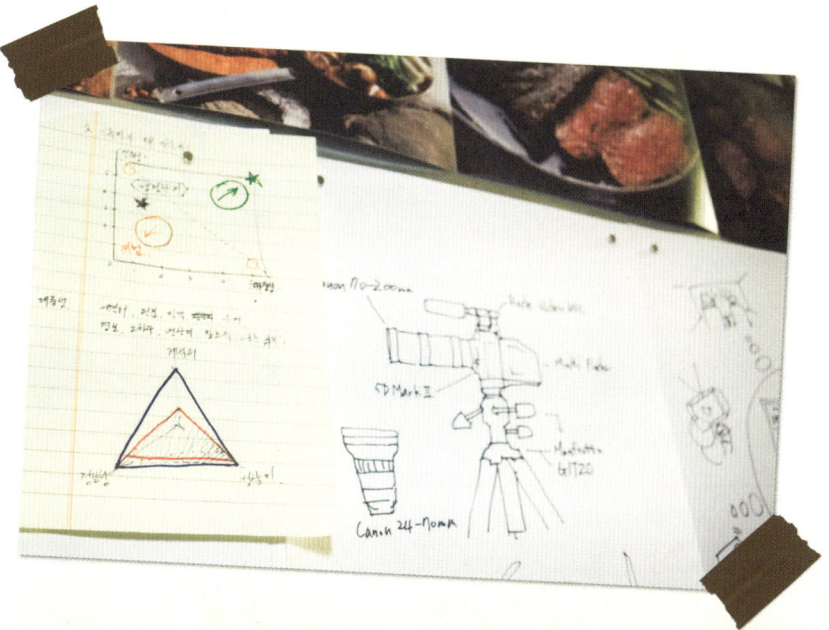

# #2 촬영 준비

Title : 파나소닉 루믹스 S1R / S1    Team : 캠핑한끼

| Cut | Video | Context | Audio | Time |
|---|---|---|---|---|
| 6 | (해 / 바다 스케치) | 일출모습<br>포항 | 파도소리 | 5' |
| 7 | (바위 해안 스케치) | 바다풍경<br>일출 햇살을 받은.<br>↓ 연결 | 파도소리 | 5' |
| 8 | (해변 파도 스케치) | 몽돌해변 파도<br>바다 | 파도소리 | 5' |
| 9 | (숲 스케치) | 숲속〈역광〉☆<br>바위. 나무.<br>〈아래에서 위로〉 ✓ | 숲속소리 | 5' |
| 10 | (나무숲 스케치) | 숲속〈벗섯〉<br>나무숲<br>〈우에서 좌로〉 | 숲소리 | 5' |

☑ 스토리보드는 특별한 경우를 제외하고는 쓰지 않는다. 다만 브랜드와 컬래버레이션 작업을 할 때는 내용을 공유하거나 개인적으로 정리하는 차원에서 간단히 스케치를 그린다.

☑ 촬영 장비로는 '백통'으로 통하는 70-200mm 렌즈를 주로 사용하고 있다. 초창기엔 '접사렌즈'로 불리는 50mm 렌즈로 오리를 촬영했는데, 작고 가벼워서 요즘도 해외 촬영을 나갈 땐 이걸 쓴다. 풍경은 12mm 혹은 16-35mm 광각렌즈나 드론으로 찍고, 수중 촬영이 필요할 땐 고프로를 사용한다.

☑ 지향성 외장 마이크는 5년 전 장봉도 백패킹에서 촬영한 '도미구이'편부터 쓰기 시작했다.

☑ 텐트는 2개를 사용한다. 캠프타운 제품은 백패킹용이라 앉기 힘들 정도로 작다. 포스텐 텐트는 그보다는 좀 더 크다.

☑ 타프는 내셔널지오그래픽 제품을 쓰고 있다. 라인과 스킨만 있어서 폴대를 따로 가지고 다니진 않는다.

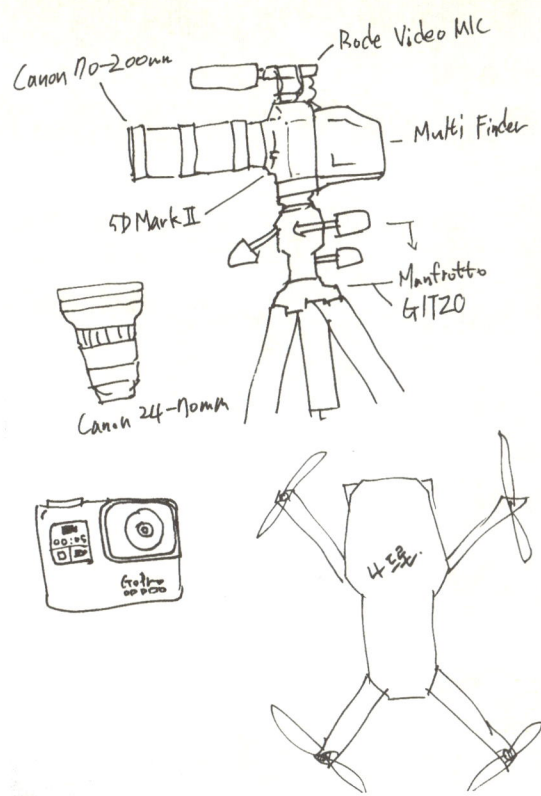

☑ 촬영 하루 전에 장을 본다. 캠핑 가는 길에 마트에 들르면 쓰레기가 굉장히 많이 나온다. 재료를 미리 손질하면 사용하기도 편하다. 피치 못할 사정이 있을 땐 식자재를 담을 봉투를 챙겨 가 근처의 쓰레기 수거함에서 스티로폼 등의 포장지를 버리고 내용물만 소분하여 재포장한다.

☑ 브랜드에서 먼저 제품 협찬을 제안하는 경우가 있다. 특이하게도 모든 커뮤니케이션이 온라인상에서만 진행되고 있다. 브랜드 담당자가 이메일로 연락을 해오면 역시 이메일로 답변을 하고 필요한 제품을 받는다. 지인의 소개로 협업하게 된 주류 업체 대표 외에는 모두 한 번도 만난 적이 없다. 카메라 업체와는 이메일로 촬영 내용을 공유하고, 정육가게의 경우 온라인 메신저로 몇 월 며칠 어떤 고기가 몇 그램 필요하다고 하면 퀵서비스를 통해 고기를 보내온다. 자동차 브랜드도 마찬가지다. 원하는 장소로 차량을 보내온 후 촬영이 끝나면 특정 장소에서 수거해 간다. 대면 없이도 일이 진행된다는 게 신기하다. 이것도 유튜브라는 플랫폼의 특성이라고 할 수 있을까.

# #3 촬영하기

캠핑한끼의 내용은 캠핑하는 곳의 분위기를 보여주는 것으로 시작한다. 계곡물이 흐르는 소리, 새소리, 흔들리는 나무의 모습 등 그곳의 느낌을 나만의 시각으로 담아내려 노력한다. 요리의 성격에 따라 알코올 스토브 혹은 장작을 준비하고 재료를 손질한 다음 요리를 진행한다. 마지막으로 요리의 성격이 잘 표현될 수 있도록 자연과 어울리는 플레이팅을 하고 요리의 특징에 따라 단면을 보여주거나 시식을 하며 끝을 맺는다.

레시피 촬영은 평균 4~5시간 정도 걸린다. 계속 구도를 바꿔가면서 찍어야 하기 때문이다. 한 번에 끝나는 요리가 별로 없다. 10분이면 끝날 생선구이를 30분 이상 굽는 식이다. 장면을 전환할 땐 오버쿡이 되지 않도록 요리를 바닥에 내려두었다가 카메라 등의 장비를 옮긴 후 다시 불에 올리길 반복한다. 세 번 요리한 게 하나로 묶일 때도 있다. 눈치 빠른 구독자들은 예민하게 이를 포착하여 '공기가 바뀐 것 같다'고 말하기도 한다.

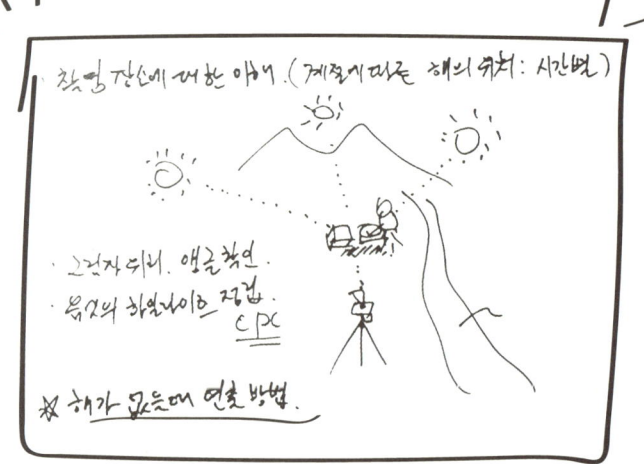

☑ 해는 기다려주지 않는다. 시시각각 그림자가 달라지기 때문에 톤을 맞추기 위해선 화롯대랑 장비를 계속 옮겨야만 한다. 레시피 촬영에 오랜 시간이 걸리는 또 하나의 이유다. 특히 겨울은 해가 떠 있는 시간이 짧다. 그래서 레시피도 훨씬 심플해진다.

☑ 야외 촬영이라 날씨의 영향도 많이 받는다. 너무 덥거나 폭우가 쏟아지거나 혹은 겨울임에도 눈이 내리지 않아 촬영을 포기해야 할 때도 있다.

☑ 이렇게 촬영을 마친 음식은 꼭 직접 맛본다. 단 양이 너무 많은 경우에는 거래처나 뭄모님께 가져다 드린다. 버리는 건 없다.

## #4 영상 편집과 사운드 믹싱

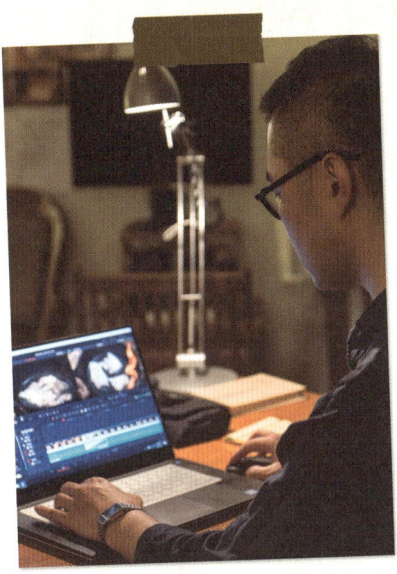

☑ 보통은 촬영이 끝나면 바로 1차 편집을 시작한다. 이때의 편집은 컴퓨터 앞이 아니라 머릿속에서 진행된다. 어떤 컷을 앞에 넣고 뒤로 뺄지 혼자 계속 상상하며 시뮬레이션을 그려본다. 예를 들어 파나소닉과 함께한 영상의 경우는 촬영 후 일주일 만에 최종본이 나왔는데, 실제로 스튜디오에서 편집을 한 건 마지막 하루였다. 생각하는 시간이 오래 걸릴 뿐, 편집 작업 자체는 빠르면 2~3시간 만에 끝나기도 한다.

☑ 아쉬운 컷? 당연히 있다. 이때는 절대 촬영한 영상을 보지 않는다. 그러고는 며칠 있다가 파일을 쓱 열어보고 현실과 타협한다. 아쉽지만 그냥 가자. 그런데 정말 아닐 때가 있다. 롤레이팅이 마음에 들지 않거나 촬영 중간에 해가 져서 원하는 색감이 안 나오거나. 이유는 많다.

☑ 문제가 될 때는 보강 촬영을 한다. 장어구이 갈은 경우가 그랬다. 촬영 어시스턴트로 친구가 현장에 따라 왔는데 신경이 쓰여 계획대로 움직이질 못했다. 무엇보다 해가 그렇게 빨리 넘어갈 줄은 상상도 못했다.

☑ 마지막으로 자막을 얹고 사운드를 입힌다. 레시피 촬영은 동시녹음으로 진행하지만 드론은 녹음이 안 되기 때문에 별도의 사운드 소스가 필요하다. 기차 소리, 모닥불 소리, 계곡물 소리 등 생활 소음이나 자연의 소리는 웬만하면 유튜브에 다 있다. 영상에 들어간 사운드 중 60%는 진짜고 나머지는 다운받은 소스라고 생각하면 될 것이다.

☑ 여름에는 벌레 소리가 신경 쓰인다. 스튜디오에서 편집 작업을 하다가도 윙 소리에 착각하고 손을 휘저을 정도다. 이럴 땐 계곡 물소리를 높여 불필요한 소음을 덮는다.

# #5 업로딩 그 후

레코딩까지 끝나면 업로드를 한다. 아쉬운 점은 늘 남게 마련이나 더 이상의 수정은 없다. 시원하고 또 설렌다. 개봉을 앞둔 감독의 기분이랄까. 유튜브에 영상을 업로드할 때 **최초 공개 설정**을 해놓으면 구독자들과 같이 채팅을 하면서 영상을 볼 수 있다. 최초 공개 시점은 유튜버마다 차이가 있는데, 내 경우는 업로드 직후 30분 이내로 짧게 잡는다. 그 시간까지 기다리는 게 피가 마르는 탓이다. 최초 공개 시간이 되면 영상 시작 2분 전부터 음악이 나오면서 카운트가 시작된다. 5, 4, 3, 2, 1…! 실시간으로 댓글이 올라오는데 그 반응을 지켜보는 게 재미있다.

10여 분의 짧은 상영회가 진행되는 동안은 채팅창이 활성화되기 때문에 구독자들과 대화를 나누거나 후원을 받을 수도 있다. 보통은 '즐감해주세요'라는 한마디만 남기고 침묵하는 편이지만 중요한 건 마지막까지 늘 지켜본다는 것! 최초 공개 당시의 채팅 내용은 영상 정보에 기록되어 버튼을 클릭하면 누구나 당시의 상황을 엿볼 수 있다.

"내가 하는 일이 누군가에게 영향을 준다면 그것은 더 이상 일이 아니라 사명이다.

강단에 오르신 중년 여성은 열정적인 소리치며 편경음을 휘어 잡았다.
셔터를 누르곤 난 한참을 잊은채 그녀에게 사로 잡혔다.

얼마나 아름다운 말인가 내가 하는 이 일이 누군가에게 영향을 준다면

그 영향이 밝고 긍정적인 결과를 낳는다면, 캠핑하루를 보고 누군가 캠핑을 시작한다면
그로 인해 그의 삶이 건강하고 행복해 진다면 또 그가 누군가에게 그런 영향을 더한다면 말이다.
그것이야 말로 진정 아름다운 순간이 아니겠는가.

그때 나는 '캠핑하루'가 일처럼 느껴지던 시절였다. 하지만 그 순간 더이상 일이 아니었다.

이것은 사명이다.

## #6 다시 생각하기

업로드한 영상의 조회수와 구독자 수의 변화를 체크한다. '숯불삼겹살구이'처럼 즉각적으로 폭발적인 반응이 오는 영상에 대해선 그 이유를 찾아 분석하고, 다음 작업에 참고한다.

촬영이 없는 기간 동안은 준비 중인 단행본 작업을 하고, 캠핑하루의 다음 주인공을 물색한다. 찍고 싶은 대상을 섭외하기 위해 정성껏 메일을 보내고 트리트먼트 시나리오를 통해 콘셉트를 설명한다. 섭외부터 인터뷰, 촬영 및 편집, 업로드까지 모두 직접 진행하는 방식이다. 모든 게 계획대로 흘러가지만은 않는다. 어떤 영상은 촬영을 준비하는 데만 수 개월이 걸리고, 완성된 영상을 업로드하기까지 소요되는 시간도 저마다 다르다.

그리고 다시 생각하기를 반복한다. 또 반복한다.

Creator

# Ready to Shoot

캠핑한끼의 배낭 속에는 무엇이 들어 있을까?
그는 단순히 필요한 장비를 늘리는 게 아니라
보유한 장비를 다양하게 활용하는 방법을 고민한다.

WORDS BY LEE MEEHYE
PHOTOGRAPHS BY SEO SONG Y.

PART.1
요리 도구

**1 무쇠 팬**
브랜드명: 롯지 구입 시기: 2015년 용도: 현재 주로 쓰고 있는 8인치 롯지 무쇠 팬 대표 요리: 미나리삼겹살

**2 용암석 돌판**
브랜드명: SOTO 구입 시기: 2016년 용도: 고기를 굽는 데 쓰며 용암석이라 열이 오래가고 기름을 흡수한다. 대표 요리: 춘천 닭고기, 부채살스테이크

**3-1 원형 도마**
브랜드명: 다이소 구입 시기: 2014년 용도: 다이소에서 구입한 나무 도마를 원형으로 커팅해 도마와 플레이트로 활용. 불도장으로 상판에 캠핑한끼를 새겼다.

**3-2 프라잉팬**
브랜드명: Esbit 구입 시기: 2014년 용도: 굽거나 볶는 요리를 할 때 유용한 알루미늄 프라잉팬 대표 요리: 떠먹는 감자피자, 감자전

**4 우드 가스 스토브**
브랜드명: 자체 제작 구입 시기: 2014 용도: 초창기에 깡통 2개를 사서 만든 것으로 이중 구조라 공기를 한번 더 순환시켜주기 때문에 연기 없이 불꽃이 올라온다. 대표 요리: 해물 모듬구이

**5 이케아 수저통 & 텐트 팩**
브랜드명: 이케아, 자체 제작 구입 시기: 2015년 용도: 해외 백패커들이 캠핑용 화목 난로를 만들어 쓰는 것을 보고 이케아 수저통을 우드 스토브로 변형했다. 대표 요리: 훈제새우

**6 맥스페디션 파우치**
브랜드명: 내셔널지오그래픽 어패럴 구입 시기: 2017년 용도: 성냥, 나무수저, 티타늄 집게, 라이트, 오피넬 No.8 나이프, 베어스그릴 멀티툴, 티타늄 스포크, 티타늄 스푼, 다이아몬드 칼갈이, 스페출러 등을 보관하는 다용도 케이스

**7 알코올 스토브**
브랜드명: Esbit 구입 시기: 2014년 용도: 파이어 스타터로 주로 물을 끓이는 용도이며 몇몇 요리에도 쓰였다. 대표 요리: 훈제삼겹살

**8 손도끼**
브랜드명: 그랑스포스 구입 시기: 2019년 용도: 그랑스포스에서 캠핑용으로 제작한 야생 손도끼 wildlife hatchet로 도끼 크기에 비해 날의 폭이 넓어 꽤 큰 가지를 쳐내거나 장작을 쪼갤 때 유용하다. 대표 요리: 고든 램지 해시 브라운

**9 페어링 나이프**
브랜드명: 모라 나이프 구입 시기: 2019년 용도: 셰프 요한 유레스코그와 함께 만든 클래식1891 제품으로 과일, 야채, 뿌리 야채 등 세

Unpacking

밀한 작업이 필요할 때나 우드 카빙에 유용하다. 대표 요리: 고든 램지 해시브라운

**10, 11 헬레 하딩 나이프 & 칼집**
브랜드명: 헬레 구입 시기: 2015년 용도: 우드 카빙이나 고기를 자를 때 주로 사용한다. 대표 요리: 꼬치어묵탕

**12 가죽 장갑**
브랜드명: 내셔널지오그래픽 어패럴 구입 시기: 2017년 용도: 장작을 패거나 바토닝 batoning 을 할 때 혹은 노마드 스토브 조립 시에 사용하는 내셔널지오그래픽 어드벤처 가죽 장갑

**13 미니 로스터**
브랜드명: Uniflame 구입 시기: 2015년 용도: 반합 오븐이나 알코올 스토브 사용 시 쓰는 구이용 로스터 대표 요리: 와사비소고기

**14 파우치**
브랜드명: 자체 제작 구입 시기: 2104년 용도: 우드 스토브 등의 도구나 요리 재료를 담고자 가죽 공방에서 제작했다.

**15 칼집**
브랜드명: 자체 제작 구입 시기: 2019년 용도: 모라 나이프 케이스로 아직 영상에 노출된 적은 없다.

**16 양면 석쇠**
브랜드명: 자체 제작 구입 시기: 2019년 용도: 훈연 석쇠 2개와 인터넷 공유기 액세서리 링, 자투리 가죽으로 만든 미니멀한 타입의 고기 구이용 그릴 대표 요리: 짚불삼겹살

**17 미니 강판**
브랜드명: 다이소 구입 시기: 2017년 용도: 와사비 혹은 감자 등을 가는 강판 대표 요리: 고든 램지 해시브라운

**18 미니 솔로 쿡세트**
브랜드명: 스노우피크 구입 시기: 2015년 용도: 솔로 캠퍼들을 위해 포트와 컵으로 구성된 쿠커. 티타늄 소재라 물이 빨리 끓는다. 대표 요리: 메밀국수

**19 양념 케이스**
브랜드명: 자체 제작 구입 시기: 2019년 용도: 소금, 허브, 후추, 페퍼론치노 등의 각종 양념통과 자체 제작한 가죽 케이스 대표 요리: 수제버거

**20 미군 반합**
브랜드명: 미상 구입 시기: 2018년 용도: 영상에 종종 등장하는 알루미늄 소재 반합으로 고기를 굽기도 하고 반합에 재료를 넣어 찜기로 사용하기도 한다. 대표 요리: 볏짚조개구이

**PART.2**
촬영 장비

**1 외장하드**
브랜드명: NEXTO DI 구입 시기: 10년 이상 용도: 촬영한 데이터를 백업하는 용도 특징: 자체 배터리와 포트가 있어 PC나 노트북이 없는 야외에서 쓰기 좋은 휴대용 저장 장치

**2 CPL 필터**
브랜드명: Laowa 구입 시기: 2017년 용도: 12mm 렌즈 필터로 최근 수제버거편을 비롯 광각 촬영에 사용했다. 특징: 영상보다는 사진 촬영에 주로 쓴다.

**3 드론**
브랜드명: DJI 구입 시기: 2016년 용도: 항공 촬영이 필요한 모든 인트로 영상 특징: 드론 펠러를 접으면 500ml 생수병 크기가 되는 매빅프로 Mavic Pro는 휴대하기 편하고 매끄러운 4K 동영상 촬영이 가능하다.

**4 장갑**
브랜드명: 내셔널지오그래픽 어패럴 구입 시기: 2017년 용도: 낚시 영상이나 추운 날 아웃도어 촬영 시 사용한다.

**5 드론 조정기**
브랜드명: DJI 구입 시기: 2016년 용도: 컨트롤러에 DJI 앱을 깐 스마트폰을 장착하여 촬영한 영상을 프리뷰한다.

**6 액션캠**
브랜드명: GoPro 구입 시기: 2015년 용도: 인트로 영상과 취미인 스쿠버다이빙 영상을 찍는 수중 촬영 장비 특징: Hero7 업데이트 제품으로 하우징 없이도 GoPro를 쓸 수 가능하다.

**7 필터 뷰파인더**
브랜드명: VARAVON 구입 시기: 2013년 용도: DSLR 카메라 촬영 시 사용하는 카메라 액세서리

**8 5D Mark2 카메라**
브랜드명: 캐논 구입 시기: 2009년 용도: 메인 카메라 특징: 초기부터 2019년 7월 1일까지 업로드된 캠핑한끼의 모든 영상을 이 카메라로 찍었다.

Creator

# 10 FAVORITES

캠핑과 요리, 유튜브 제작에 관심이 있다면 다음 리스트를 참고하자. 초기 캠핑한끼의 레퍼런스가 되었던 채널을 비롯해 캠핑한끼가 추천하는 국내외 유튜브 채널을 소개한다.

WORDS BY LEE MEEHYE

SUBSCRIPTION 1

## Shingo Inoue

캠핑한끼의 시작이 된 채널이다. 프랑스 영화감독 프랑수아 트뤼포는 '영화를 제대로 즐기는 3가지 방법'을 이렇게 설명한다. 첫째, 같은 영화를 두 번 보는 것. 둘째, 영화평을 쓰는 것. 셋째, 영화를 만드는 것! 그 시절 난 부시크래프트에 빠져 있었다. 그래, 내가 만들자. 예전에는 'blue bushcraft'라는 이름의 채널이었는데 채널명이 변경되고 과거 영상은 현재 보이지 않는 상태다.

SUBSCRIPTION 2

## MCQ Bushcraft

'blue bushcraft'와 함께 처음부터 가장 최근 영상까지 매일 같은 영상을 수십 번씩 돌려 봤다. 반복해 보다 보니 각 영상의 장단점이 눈에 띄기 시작했다. '영상 길이가 짧았으면 좋겠다'거나 '말이 너무 많다'거나. '나도 한번 찍어볼까?'라는 생각이 들었다. 직업이 사진가이다 보니 카메라를 들고 찍기만 하면 될 일. 편집은 그냥 자르고 붙이고. 그렇게 첫 번째 메뉴가 시작됐다.

SUBSCRIPTION 3

## 미키서
## Mickey Seo

브이로그 콘텐츠 중 가장 교과서적인 채널이라 할 수 있다. 브이로그의 1단계가 정보의 나열이라면 2단계에선 자기 감상을 덧붙이고, 3단계는 메시지를 전달하는 것이다. 미키서의 채널은 여기서 더 나아간 4단계다. 다양한 외국 친구들과의 일상을 다루는데 개성적인 구성과 센스 있는 편집으로 평범한 대학생의 하루하루를 마치 영화처럼 매우 흥미롭게 담아낸다.

SUBSCRIPTION 4

## 런업
## Learn Up

미키서와는 또 다른 스타일의 브이로그 채널. 특히 캐릭터가 매력적이다. 캠핑한끼의 콘텐츠가 쌓일수록 내가 좋아하는 아웃도어 라이프와 캠핑에 대한 생각을 영상 언어로 표현하는 방법에 대한 고민을 하게 된다. 그런 부분에서 브이로그 채널이 도움이 될 때가 많다. 런업은 나와 장르는 다르지만 스타일리시하게 인물의 캐릭터를 어필할 줄 아는 채널이라고 생각한다.

SUBSCRIPTION 5

## 꿀키
## Honeykki

어릴 때부터 요리를 좋아했다. 요리책은 한 권도 없다. 대신 유튜브로 요리하는 법을 배운다. 그중에서도 2011년부터 블로그 '자취왕 꿀키의 꿀맛 나는 자취일기'를 운영했던 파워 블로거 출신 꿀끼의 채널을 즐겨 본다. 그날 먹은 세끼 음식을 담은 '하루 세끼'를 비롯해 따라 하기 쉬운 요리들이 주를 이룬다. 여기에 자연광을 이용한 부드러운 색감의 영상미와 사운드가 눈과 귀를 사로잡는다.

Subscription

SUBSCRIPTION 6

### 제이플라
### J.Fla

싸이, 빅뱅, 방탄소년단에 이어 다이아몬드 버튼을 수상한 제이플라. 국내 1인 크리에이터 최초로 1000만 구독자 시대를 연 주인공이다. 그녀가 영국 가수 에드 시런의 'Shape of you'를 커버한 영상은 2억 뷰가 훌쩍 넘는다. 현재 제이플라의 구독자 수는 약 1520만 명. 평소 음악을 즐겨 듣고 음악에서 영상의 영감을 얻기도 하는데, 나 역시 제이플라의 팬이다.

SUBSCRIPTION 7

### JM

얼마 전까지 1일 1영상을 계속 올렸던 유튜버. 본업은 테니스 국제심판이지만 주로 다루는 건 디지털 제품 리뷰다. 일단 정보의 퀄리티가 높고, 내용이 짧고 재미있다. 말투부터 유머러스해 유행어까지 탄생시켰다. 팬덤이 강한 채널이다. 나와 같은 캐논 카메라를 사용하는데 고프로, 액션캠 리뷰를 비롯해 내게는 도움이 되는 정보가 많다. 나의 아이패드 구매에 결정적 영향을 준 채널이기도 하다.

SUBSCRIPTION 8

### SOLFA

SOLFA는 3000만 뷰를 기록한 '이상형 10명 한번에 만나기'로 화제가 된 바이럴 비디오 프로듀서다. 미국 콘텐츠 회사와도 라이선스 계약을 맺어 현재 '쥬빌리 Jubilee'라는 채널에서 그가 기획한 영상을 제작 중이기도 하다. 나와는 다른 장르지만 '어떻게 저런 아이디어를 떠올렸을까?' 감탄하곤 한다. 적절한 배경음악의 사용과 편집 기술도 눈여겨볼 만하다.

SUBSCRIPTION 9

### NPR Music

미국 공영 라디오 방송국 NPR National Public Radio의 작은 스튜디오에 초대된 뮤지션들의 라이브 공연을 볼 수 있는 채널. 유명 팝스타들의 히트곡은 물론 독특한 제3세계 음악까지 다채로운 음악을 접할 수 있다. 아시아 뮤지션 최초로 국악인 이희문이 이끄는 민요 록 밴드 '씽씽 SsingSsing'이 출연하기도 했다. 스튜디오라는 제한된 공간에서 연출되는 라이브 음악 영상이라는 점에서 관심 있게 보고 있다.

SUBSCRIPTION 10

### 미로마쿤카누캠핑

첫 번째 '캠핑하루'의 주인공이 된 미로와 마쿤 커플의 유튜브 채널. 국내선 아직 생소한 카누 캠핑에 대한 모든 것을 감각적인 영상으로 보여준다. 본격적으로 유튜브를 시작한 지는 얼마 되지 않았지만 전부터 블로그를 통해 카누 캠핑과 관련된 다양한 정보와 이미지 자료를 공유해왔다. 우드 카누 제작 과정도 볼 수 있는데 마쿤 님의 원래 직업이 목수라 솜씨가 남다르다.

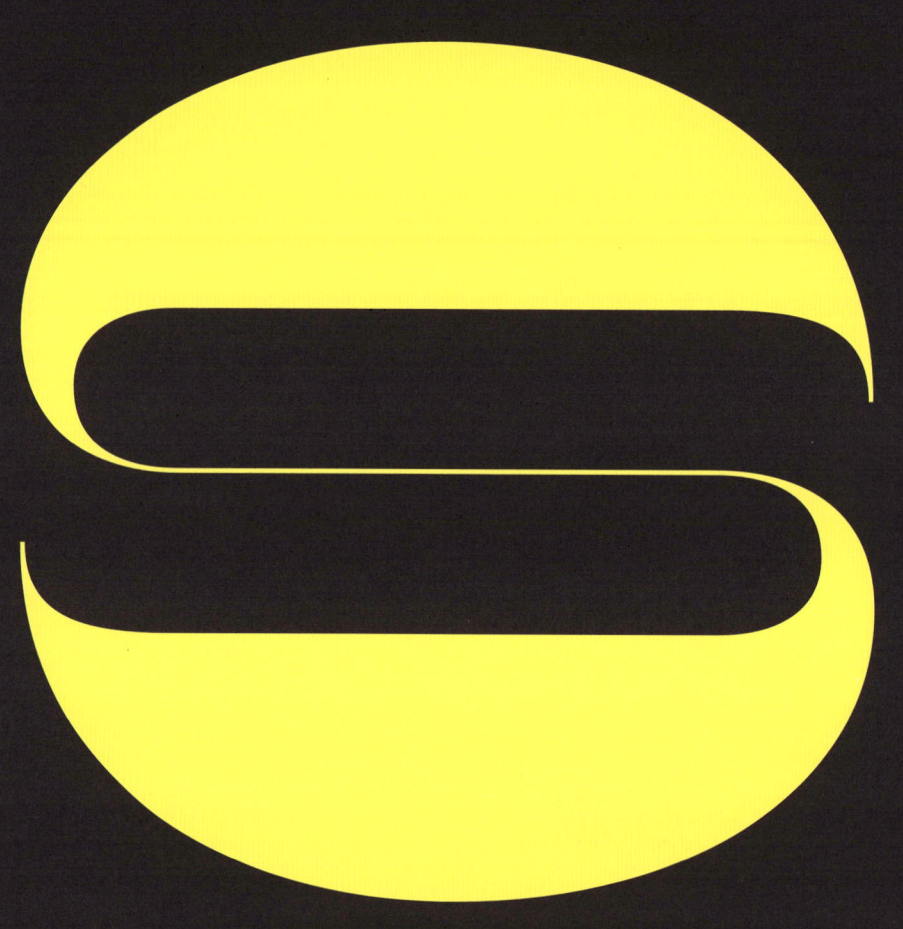

How To Cook ▶

# SPECIAL

# 10 Cooking Recipes

'캠핑한끼'는 말 그대로 캠핑에서 스스로 한끼를 해결한다.
여기엔 몇 가지 룰이 있다. 첫째, 누구나 쉬운 단순화된 레시피. 둘째, 자연과 어울리는 건강한 식자재.
셋째, 제한된 장비 사용이다. 간단한 장비로 손쉽게 만들 수 있는 건강한 요리 10가지를 소개한다.

WORDS BY LEE MEEHYE
IMAGES BY KIM JONGHOON

How To Cook

**01**

## 해물파스타

2014년 11월, 캠핑한끼의 역사가 시작된 첫 번째 메뉴. 한창 캠핑의 매력에 빠져 있을 땐 지방 출장을 가면 인근 캠핑장을 검색해 혼자 야영을 하곤 했다. 그때 촬영한 영상이 '해물파스타'편이다. 자세히 들으면 캠핑장 공사하는 소리와 소음이 들린다.

**재료**

파스타 면, 각종 해물, 소금, 후추, 버터, 페페론치노, 마늘, 양송이버섯, 올리브 오일

**장비**

HOBO 스토브(이케아 수저통), 에스빗 알코올 스토브, 스노우피크 솔로 쿡세트, 오피넬 No.8 나이프

**만드는 법**

1. 달군 팬에 올리브 오일과 마늘을 넣어 마늘 오일을 만든다.
2. 삶은 파스타 면을 넣고 해물과 면수를 넣고 함께 볶는다.
3. 소금 · 파슬리 · 후추 등을 뿌린다.

Special

## 02

### 알리망오구이

스쿠버다이빙을 콘셉트로 처음 해외에서 진행한 촬영이다. 일주일 정도 다이빙을 가면 하루 정도는 쉬는 날이 있다. 현지인에게 물어 필리핀 코론섬의 새벽 시장을 찾았다. 재료 수급이 쉽지 않다 보니 요리는 간단해질 수밖에 없다. 국내선 보기 힘든 민물 게를 구해 그냥 구웠다. 그래도 꽤 맛있다.

**재료**
알리망오(민물 게)

**장비**
노마드 스토브, 헬레 하딩 나이프

**만드는 법**
1. 게의 입과 배를 칼로 찔러 손질한다.
2. 손질한 게를 달군 숯불에 올려 굽는다.

How To Cook

## 03

### 와사비소고기

<고독한 미식가>에서 고로 상이 먹었던 바로 그 와사비 갈비다. 캠핑 메뉴로 전환하면서 조리법을 좀 더 단순화했다. 또 다른 일본 드라마 <기묘한 이야기>의 '이상적인 스키야키'편이나 <리틀 포레스트> '봄'편에 등장한 두릅튀김을 패러디한 적도 있다. 영화나 드라마 속에서 화제가 된 메뉴는 아무래도 인기가 좋다.

**재료**

소고기(갈비살), 고추냉이

**장비**

미니 로스터, 우드 가스 스토브, 다이소 나무 도마(원형으로 커팅), 에스빗 알코올 스토브

**만드는 법**

1. 먹기 좋은 크기로 자른 소고기를 숯불에 굽는다.
2. 그 위에 고추냉이를 올려 먹는다.

Special

## 채끝등심 & 양파감자수프

춘천에서 카누 공방을 운영하는 친구와 그의 한 살배기 리트리버 강아지 월든이 카누를 타고 함께한 촬영이다. 한창 요리를 하는 중에 월든이 고기를 먹어버리는 황당한 사건이 발생했다. 결국 월든의 이빨 자국을 도려내고 촬영을 이어갔다. 양파감자수프가 등장하는 마지막 장면에서 자동차의 경적 소리와 함께 현실로 돌아오는 콘셉트다.

**재료**
채끝등심, 소금, 후추, 버터, 허브, 고추냉이

**장비**
노마드 스토브, 나무 도마(원형으로 커팅), 헬레 하딩 나이프, 우드 가스 스토브

**만드는 법**
1. 소고기에 버터 허브를 발라가며 숯불에 굽는다.
2. 달군 팬에 버터를 녹이고 채썬 양파와 간 감자, 우유를 넣고 끓인다.

04

How To Cook

## 숯불삼겹살구이

처음으로 소주가 등장한 캠핑한끼. 특별한 인트로 없이 바로 요리부터 시작한 영상인데 최단기간 100만 조회수를 기록했다. 역시 아는 맛! 한국인에겐 삼겹살인 것이다. 현재까지 최다 조회수를 기록 중이다. 캠핑에서 쉽게 즐길 수 있는 육류 중심으로 메뉴를 전환하고 술과 요리의 궁합에 대해 본격적으로 고민하기 시작한 영상이기도 하다.

**재료**
삼겹살, 소금, 대파, 갈치속젓, 고추냉이, 명이나물

**장비**
노마드 스토브, 오피넬 No.8 나이프, 나무 도마

**만드는 법**
1. 두툼한 삼겹살에 칼집을 넣고 소금을 뿌린 다음 은은한 숯불에 굽는다.
2. 구운 대파와 갈치속젓, 고추냉이와 명이나물을 곁들인다.

05

Special

# 닭갈비

'춘천 가는 기차'라는 콘셉트로 춘천 지역에서 즐길 수 있는 레저, 카누와 먹거리를 주제로 제작했다. 소양강 상고대의 일출 카누에 춘천의 대표 먹거리 닭갈비를 결합한 영상이다. 옛날식 원조 춘천 닭갈비의 특징이라면 닭갈비를 뼈째로 사용한다는 것. 영상 중간에 보면 고구마를 반 갈라서 노랗게 익은 걸 보여주는 부분이 있는데, 이때가 바로 닭갈비를 먹어도 되는 때다. (*상고대의 일출 카누는 상시적으로 운영되는 프로그램은 아니다. 사전에 게스트하우스를 통해 문의할 것.)

**재료**
갈비, 양배추, 가래떡, 고구마, 대파, 깻잎, 밥, 김치, 우동 면

**장비**
노마드 스토브, 롯지 팬 10인치, 독일군 반합, 나무 도마

**만드는 법**
1. 양념된 닭고기를 준비된 재료와 함께 볶는다.
2. 남은 닭갈비에 삶은 우동 면을 넣고 볶은 후, 식은 밥과 김치를 넣고 다시 한번 볶는다.

06

How To Cook

## 배스구이

이노마드 소수력 발전기와 함께 한 첫 콜라보 영상. 배스를 낚는 장면을 촬영하기 위해 7시간 카누 위에서 기다렸지만 끝내 못 잡고 뭍으로 나왔다. 며칠 뒤 친구가 배스를 잡았다는 소식을 듣고 부랴부랴 달려가 수중 촬영을 한 다음 그걸 받아 요리 영상을 찍었다. 배스는 마트에서 파는 생선이 아니라 꼭 잡아야만 했다. 낚시와 요리를 하루에 같이 촬영하는 건 시간상 거의 불가능하다. 부시리스테이크도 직접 잡은 부시리를 보관해 두었다가 다시 요리한 경우다.

**재료**
배스, 레몬, 허브, 훈연칩

**장비**
그릴, 원형 도마, 오피넬 No.8 나이프, 헬레 하딩 나이프, 소수력 발전기

**만드는 법**
1. 손질된 배스 안에 허브를 넣는다.
2. 칼집 사이에 레몬을 넣고 녹인 버터에 허브를 뿌린 다음 배스에 발라가며 굽는다.

07

Special

# 08

## 차슈

깜짝 놀랄 정도로 맛있었던 요리. 삼겹살이 맛있어봤자라고 생각했는데 기대 이상이었다. 평소에 먹던 일본 라면의 차슈보다 훨씬 감칠맛이 나고, 부드럽고 촉촉했다. 소스랑 같이 차슈덮밥으로 먹어도 진짜 맛있다. 방법도 간단하다. 모든 재료를 때려넣고 30~40분 정도 끓이면 끝. 이후로 캠핑을 갈 때마다 자주 하는 요리가 되었는데 늘 반응이 좋은 편이다. 사실 야외에서 먹으면 다 맛있는 법이다.

**재료**
삼겹살, 마늘, 생강, 양파, 소금, 페페론치노, 간장, 후추, 물엿, 허브

**장비**
노마드 스토브, 헬레 하딩 나이프

**만드는 법**
1. 시즈닝한 삼겹살의 겉면을 노릇하게 익힌다.
2. 삼겹살과 물, 각종 양념을 넣고 충분히 익을 때까지 30~40분 정도 끓인다.

How To Cook

## 09

### 동파육

즐겨 보는 유튜브 요리 채널 '해피쿠킹'에서 동파육이 소개된 걸 보고 그 맛이 궁금했다. 무려 3시간이나 끓여야 하지만 캠핑한끼 메뉴 중엔 오래 걸리는 요리가 없었기에 한번 시도해보고 싶기도 했다. 젓가락으로 고기를 푹 찌르면 지방이 크림처럼 터지는 장면을 담고 싶었는데 두 번의 재촬영에도 결국 표현하지 못했다. 두 번이나 재촬영했던, 꽤 오래 걸린 캠핑한끼다.

**재료**
통삼겹살, 청경채, 마늘, 양파, 대파, 팔각, 청주, 맛술

**장비**
노마드 스토브, 원형 도마, 스타우브 냄비, 헬레 하딩 나이프

**만드는 법**
1. 삼겹살을 크게 잘라 끓는 물에 데친 뒤 팬에 노릇하게 굽는다.
2. 냄비에 갈색 설탕을 넓게 뿌려 녹인 뒤 삼겹살을 넣어 골고루 바른다.
3. 물, 팔각, 청경채, 양념을 넣고 약한 불에서 3시간 끓인다.

Special

## 빵 만들기(캠핑하루)

다양한 아웃도어 라이프스타일을 제안하는 첫 번째 '캠핑하루'에서 유튜버 미로마쿤 님이 만든 바로 그 빵이다. 미로마쿤 님의 요리는 늘 소박하고 자연적이다. 예전에 캠핑 모임에서 만났을 때도 애호박과 감자, 옥수수를 그냥 쪄서 요리로 내놓았는데 아무것도 아닌 것 같지만 신선하고 왠지 그분과 어울렸다. 야외에서 빵을 만드는 것도 그렇다. 캠핑이 마치 일상 같은 느낌이다.

**재료**
강력분, 드라이 이스트, 설탕, 소금, 버터, 달걀, 우유, 올리브 오일, 물

**장비**
반합

**만드는 법**
1. 준비된 재료를 넣어 반죽을 만든다.
2. 30~40분 숙성 후 반합에 넣어 굽는다.

# SPECIAL RECIPE

## 목살구이

캠핑한끼는 '육지고기', '물고기한끼', '낚시한끼', '우중캠핑', '카누캠핑', '겨울캠핑' 등 다양한 테마를 아우르는 100여 개의 요리(2020년 4월 기준)를 선보여왔다. 부담 없이 도전할 수 있을 뿐 아니라 성공률이 높기 때문일까? '고기'를 주제로 한 메뉴에 대한 반응은 한결같이 뜨거웠다. 목살구이는 캠핑한끼가 『유크』 독자들을 위해 준비한 특별 레시피다. 『유크』 론칭과 함께 업로드될 예정이니, 궁금하다면 바로 지금 영상을 확인할 것!

### Touch Test

Raw　　Rare　　Medium Rare　　Medium　　Well Done

**손가락만으로 고기가 익은 정도 확인하는 법**

▷ 한 손의 엄지손가락 끝과 그 끝에 맞닿는 손가락을 바꿔가며 닿게 한다.
▷ 또 다른 한 손으로는 엄지손가락과 검지손가락 사이의 살 부분을 누르며 익은 정도를 확인한다. 레어에서 웰던으로 갈수록 점점 딱딱해지는 것을 알 수 있다.

### 재료
목살, 소금, 묵은지, 고추냉이

### 장비
노마드 스토브, 석쇠, 오피넬 No.8 나이프, 나무 도마

### 만드는 법
1. 두툼한 목살에 칼집을 넣는다.
2. 은은한 숯불에 익힌다.
3. 익은 목살을 소금, 고추냉이, 묵은지와 함께 먹는다.

Data ▶ On Air ▶ Collaboration ▶ Reports ▶ Share ▶ Talks ▶ Look Into ▶ YOOK List ▶

Views

# CHANNEL IN NUMBERS

## FIGURES

누적 조회수
# 12,335,513 HITS

채널 운영 기간
# 2,310 DAYS
6년 4개월 차

구독자 수
# 174,000 SUBS

업로드 영상 수
# 105 VIDEOS

업로드 주기
# 2 TIMES
평균 월 2회

좋아요 vs 싫어요
# 96.6%
# 3.4%
채널 평균

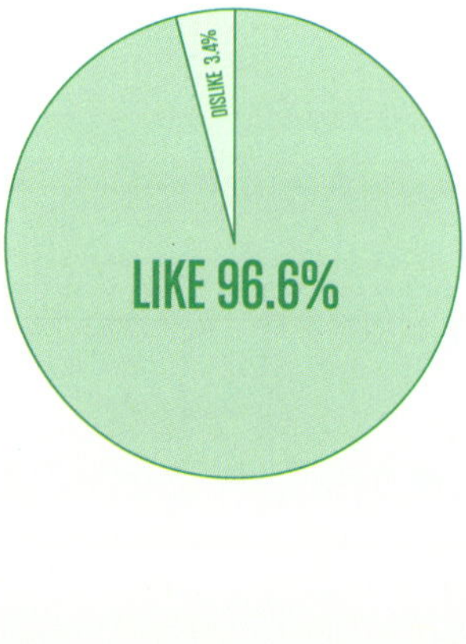

DISLIKE 3.4%
LIKE 96.6%

## Data

채널의 어제와 오늘, 그리고 내일을 말해주는 굵직한 수치들을 짚어보았다.

WORDS BY NOH NAREE
ILLUSTRATION BY dailypiece

*2020년 4월 10일 기준

**단일 영상 최고 조회수**

## 2,320,266 HITS
숯불삼겹살구이

**컬래버레이션 브랜드**

**LAND ROVER, HYUNDAI CARD, EBS, NATIONAL GEOGRAPHIC APPAREL, DIA TV, JEEP KOREA, PANASONIC, ENOMAD, DONGSUH FOODS**

## 9 BRANDS

**유튜브 광고 수익 vs 외부 파생 수익**

## 20%
## 80%

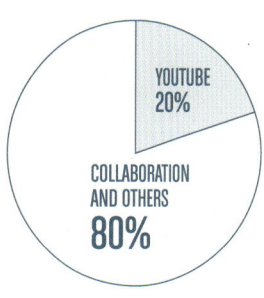

YOUTUBE 20%
COLLABORATION AND OTHERS 80%

**채널 연 수익 추정치**

## 1,800$ ~ 29,500$

유튜브 분석 사이트
'소셜 블레이드' 분석 기준

Views

# SUBSCRIBERS' VIEW

## WHO / WHAT / HOW

채널 개설 이래 캠핑한끼 시청자의 절대다수는 한국인이었다. 그러나 2018년 12월 14일 최초로 '지역 반전'이 일어난다. '고독한 미식가 와사비 소고기' 영상이 이날 동남아시아 지역 유튜브 시청자들 사이에서 폭풍 조회된 것. 덕분에 이 하루 동안 지역 구성은 태국>한국>베트남>미국 순으로 바뀐다. 이후 2019년 3월 18일 '숯불삼겹살구이' 영상(2019년 2월 15일 업로드)이 수많은 동남아시아 시청자들을 끌어들여 소위 '대박'을 터뜨리면서 지역 구성에 본격적인 변화가 시작된다. 2018년도만 해도 시청자 비중은 한국 87.2%, 미국 2.7% 순이었는데 현재는 한국이 차지하는 파이가 이전의 절반 이하(40.4%)로 줄어들었으며 베트남(9%)이 2위, 그 뒤를 미국, 태국 및 인도네시아가 잇고 있다.

'고독한 미식가 와사비 소고기'는 2017년 11월 26일 업로드된 영상이다. 공개한 지 1년도 더 지난 시점에 반가워라 좀 뜬금없이 인기를 끈 셈.

이런 '뜬금없는 인기'는 유튜버들에게 귀감이 될 만한 지점이다. 세상의 수많은 유튜브 영상이 뒤늦게 빛을 보곤 한다. 예전에 올린 영상이라도 핵심 키워드가 우연히 현재의 사회적 트렌드와 맞물리면 키워드 검색 결과에 함께 노출될 수 있다. 타 유튜버의 인기 영상과 키워드가 서로 연관된다면 유튜브 알고리즘에 의해 다음 시청 영상으로 추천될 수도 있다. 유튜버들이 와사비로 몰카를 하는 영상이 인기를 얻을 때 맥락은 다르지만 '와사비'라는 키워드를 공유한다는 이유로 '와사비 소고기'가 추천 영상으로 뜨는 식. 다시 말해, 사회 트렌드 같은 유튜브 외적 요소 및 유튜브 알고리즘 등 유튜브 내적 요소가 다양하게 결합하다 보면 언젠간 내 영상이 '재조명'받을 기회가 올 수도 있다는 것. 그렇기에 설령 지난 과정이 될지라도 끝까지 포기하지 않고 유튜브 활동을 이어나갈 필요가 있다.
이수진, <유튜버의 알> 저자

---

채널의 성별 비율 또한 2018년 기준 남녀 약 87:13에서 올해 약 67:33로 바뀌어 여성 시청자 유입이 두드러지며 여기에는 채널 인기 동영상 4위를 차지하고 있는 '꼬치어묵탕' 영상의 기여가 커 보인다. '꼬치어묵탕' 영상 데이터를 살펴보면 여성 69%, 남성 31%로 나타나는데 이는 채널 인기 동영상 TOP 10 가운데 유일하게 남녀 성별 비율이 반전된 사례이다. 또한 이 영상은 2019년 3월 31일부터 4월 6일까지 일주일간 부동의 조회수 1위 '숯불삼겹살구이' 영상을 제치고 최고 조회수 영상으로 등극했는데, 같은 기간 채널 전체의 남녀 비중 격차 역시 급격히 줄어든 것을 확인할 수 있다. 심지어 4월 3일에는 채널 전체 남녀 비율이 52:48로 거의 반반에 가까운 수치를 기록했을 정도. 동 기간 지역별 유입 상황을 살펴보면 베트남과 인도네시아의 비중이 50% 이상이다. 정리하자면, 2019년 4월 초 '꼬치어묵탕' 영상을 보러 베트남과 인도네시아의 여성 시청자들이 새로이 많이 찾아왔다고 추론할 수 있다.

아쉽게도 유튜브에서는 키워드 검색의 남녀 간 성별 비율을 확인할 수 있는 데이터를 제공하지 않는다. 이에 네이버의 '키워드 도구'라는 서비스를 대신 활용하여 모바일에서 검색하는 사용자들의 데이터를 분석, '꼬치어묵탕'이 정말로 여성 유저들의 관심 키워드인지를 간접적으로 확인해보았다. 데이터에 따르면, '캠핑요리'라는 키워드의 검색 성별 비중은 남자 34.03% 여자 65.97%로 나타났으며 '꼬치어묵탕'은 남자 21.05% 여자 78.95%였다. 즉 예상했던 대로, '꼬치어묵탕'이라는 키워드에 여성들의 관심이 비교적 높다는 걸 알 수 있다. 오종현, '오씨 아줌마' 유튜브 채널 운영자

요즘은 'K푸드' 중에서도 'K어묵'이 수출 효자 상품이다. 베트남과 인도네시아에서도 찾는 이들이 꽤 많다는데 '꼬치어묵탕' 영상의 인기도 그런 맥락인 걸까? 그런데 어묵의 원재료인 '연육'은 베트남과 인도네시아에서 주로 수입해온다. 진정한 기브 앤 테이크.

# Data

*2019년 1월 1일~6월 30일 기준 / 시청 시간 기준

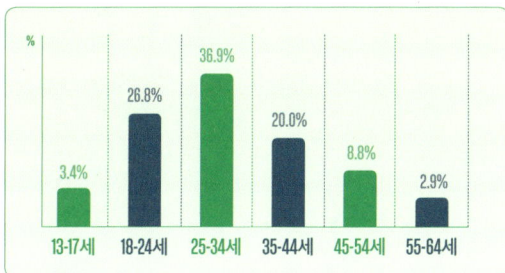

* 2019년 1월~6월 조회

시청자 연령 구성도 바뀌고 있다. 2018년 기준 만 18~24세 17.4%, 만 25~34세 36.4%, 만 35~44세 28.6%이던 것이 2019년에는 한층 젊어져 만 18~24세가 만 35~44세를 제치고 두 번째로 높은 비중을 차지했다. 이 역시 지역별 데이터와 비교 분석했을 때, 동남아시아의 젊은 시청자가 급증한 데 따른 것이라 판단된다.

## 채널 유입 키워드 TOP 3

2016년만 해도 '캠핑요리'(19.6%)라는 키워드로 유입되는 비중이 '캠핑한끼'(18.2%)를 좀 더 앞섰는데, 구독자 수가 5000명을 넘어선 2017년부터 반전되기 시작해 현재는 '캠핑한끼' 자연어 키워드의 점유율이 압도적이다. 그만큼 채널 인지도와 팬덤이 성장한 결과로 추정된다.

**캠핑한끼 39.4%**
**캠핑 7.3%**  **캠핑요리 6.9%**

## 인기 동영상 TOP 3

1. 숯불삼겹살구이 1,340,000 VIEW 👁
2. 꼬치어묵탕 350,000 VIEW 👁
3. 고든 램지의 해시브라운 220,000 VIEW 👁

## 평균 조회율

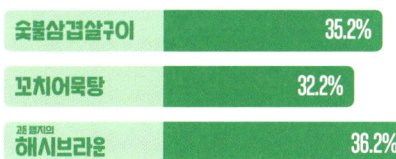

| | |
|---|---|
| 숯불삼겹살구이 | 35.2% |
| 꼬치어묵탕 | 32.2% |
| 고든 램지의 해시브라운 | 36.2% |

'평균 조회율'이란 동영상 전체 중 사용자가 본 길이의 평균 비율을 말하며, 수치가 높을수록 영상을 끝까지 보는 시청자가 많다는 의미로 해석된다. 즉, 평균 조회율이 높은 영상은 도중에 끄지 않고 계속 보게 만드는 '매력적'인 영상이라는 뜻.

* '평균 조회율 = (총 동영상 조회 시간/동영상 시작 횟수)/동영상 길이로 계산한다. 예를 들어, 사용자 두 명이 20초 길이의 동영상을 클릭하여 각각 정확히 10초씩 보는 경우 동영상 조회율은 50%(20초/시작 2회/20초)가 되는 것이다.

> 기존 영상 산업에서 말하는 '매력'과 유튜브에서의 '매력'은 차이점이 있다. 한때 유튜브를 강타한 '액체 괴물' 영상을 예로 들어보자. 영상 내내 아무 말 없이 액체 괴물을 가지고 놀면서 쩍쩍 소리를 내는 게 전부다. 기존 관점으로는 딱히 '재미'가 있거나 '잘 만든 영상'이 아닌 셈. 하지만 멍하니 보다 보면 심리적으로 어떠한 만족감이 채워지는, 기존에는 없던 묘한 매력을 품은 콘텐츠다. 비슷한 예로 ASMR이 있는데, 마찬가지로 심리적으로 안정감을 느낄 만한 소리를 끊임없이 내는 게 영상의 주를 이룬다. 그런데 재미있는 건, 이런 영상들은 그저 틀어놓는 것만으로 만족감을 선사하므로 타 콘텐츠에 비해 평균 조회율이 높을 확률이 크다는 것. 즉, 유튜브 플랫폼에서 좋은 성적을 거두기에 유리한 종류라는 뜻이다. 이수진, <유튜버의 알> 저자

> 유튜브 영상의 '성공' 여부를 말할 때 흔히 언급하는 지표가 바로 '평균 조회율'이다. 공식적인 통계가 있는 건 아니나 필자가 여러 채널을 분석해본 바에 따르면 유명 크리에이터 채널이 아닌 '보통의' 채널이 대개 10~20%의 평균 조회율을 보인다. 이 기준을 적용한다면 캠핑한끼의 평균 조회율은 보통 이상인 것. 게다가 캠핑한끼의 경우 이 평균 조회율에 가산점을 주어야 한다. 유튜브 영상에서 음성과 자막은 스토리를 진행하고 사람의 이목을 내내 붙들어놓는 훌륭한 도구다. 음성도, 자막도 없는 영상을 집중해서 본다는 건 영화관에서도 쉽지 않은데 오며 가며 휴대폰으로 소비하는 유튜브에서는 오죽하랴. 하지만 캠핑한끼는 음성도, 자막도 없이 30% 이상의 평균 조회율을 기록하고 있다. 영상미와 편집 기술, 특히 시청자의 관심과 긴장을 계속 놓치지 않고 끌고 가는 '편집의 힘이' 그만큼 대단하다는 증거다. 오종현, '오씨아줌마' 유튜브 채널 운영자

View

# CREATOR'S VIEW

## WHO / WHAT / HOW

### 요리 vs 캠핑 vs 영상 제작

요리는 예전부터 좋아하고 즐겼다. 실제로 본인이 운영하는 블로그*에 가보면 2009년부터 '군대 육개장 사발면'이라는 포스팅을 시작으로 온갖 요리를 섭렵해왔음을 알 수 있다. 반면 캠핑과 영상 제작은 상대적으로 최근에 발을 들였는데, 영상 퀄리티나 캠프 노하우에서 10년 차 이상의 '짬'이 느껴진다는 게 함정. 타고난 재능에 열정과 노력이 더해지면 이런 '무서운' 결과가 초래되나 보다. * https://m.blog.naver.com/ishoon

### 로케이션

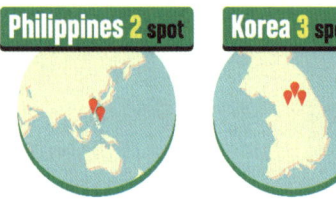

마치 매번 다른 장소에서 요리를 한 것처럼 보이나 실제 촬영지 수는 놀라우리만치 적다. 해외 두 곳(필리핀 보홀, 코론)과 강원도 춘천, 화천, 강촌 이렇게 세 군데가 전부인데, 조명 없이 촬영을 하려면 '평소 잘 아는 곳' 즉 계절별로 해가 몇 시에 어느 방향으로 지는지 훤한 동네로 가야 하기 때문이다. 그래야만 해의 움직임에 따라 촬영 세팅을 적절히 옮겨 다니며 자연광을 이용할 수 있다.

### 촬영 시간

'춘천 뒷고기'는 고기를 부위별로 따로 굽는 모습을 연출한 데다, 플레이팅이 마음에 들지 않아 다시 찍는 바람에 촬영에만 하루 5시간씩 이틀간 총 10시간을 썼다. 반면 '치즈토스트'는 간단한 레시피라 약 1시간 30분 동안 한 큐에 촬영을 끝냈다.

### 육류 vs 생선

'고기 요리는 너무 뻔하고, 해산물 요리가 특색 있다'는 생각에 초반에는 생선 요리 영상을 자주 올렸다. 하지만 2019년 초 그동안 올린 영상 실적을 체크하는 과정에서 시청자들은 고기 요리를 훨씬 더 선호한다는 걸 깨닫고 방향을 틀었다. 그 결과 연초에 업로드한 '짚불삼겹살'을 필두로 '숯불삼겹살구이', '안심구이', '미나리삼겹살', '뼈등심을 먹는 3가지 방법' 등 단 몇 개월 만에 채널 인기 동영상 TOP 20에 입성한 일련의 고기 요리 영상들이 탄생했다.

### 러닝타임 변화상

고기를 세 종류나 굽는데 왜 러닝타임이 35초밖에 안 되지? 직접 영상을 보며 헤아려 보니 0~5초는 인트로, 5~10초는 부채살구이, 11~12초는 연어구이, 12~14초는 가지구이, 15~21초는 부채살과 새우와 연어를 번갈아 굽고 21~35초는 아웃트로다. 즉, 요리에 할애한 시간은 총 14초. 뭐가 뭔지 알아보기도 전에 휙 지나가는 수준이다. '유튜브를 시작하면서 난생처음 영상을 만들어보았노라'는 본인의 설명을 계속 반신반의했었는데, 이 35초짜리 영상을 본 이후 그의 말을 믿게 됐다. 다행히, 그리고 당연히, 세월이 흐를수록 영상 러닝타임은 채널 정체성에 걸맞게 점점 길어졌다. 이제는 최장 러닝타임이 12분 13초에 달할 정도.

## Data

*2020년 4월 기준

### 지금까지 쓴 고기의 양

육류는 약 2만 4300g. 스테이크 1인분을 300g으로 치면 약 81인분에 해당한다. NG를 대비해 넉넉하게 고기를 챙기므로 소비량이 꽤 되는 편. 생선은 80~90여 마리. 단, 새우나 조개류는 제외하고 카운팅한 수치다.

### 최고 제작비 vs 최저 제작비

'알리망오 게 요리'에는 필리핀까지 왕복 비행기값, 다이빙 비용, 알리망오 구매 가격 등 약 200만원 내외를 지출했다. 촬영용으로 살아 있는 알리망오 세 마리를 사서 가게 주인에게 맡겨 뒀더니, 잘못 알아듣고 전부 요리를 해버리는 바람에 다음날 살아 있는 놈으로 한 마리를 더 사야 했다는 슬픈 전설이 함께 전해져 온다. '스크램블에그'는 달걀 두 개와 식빵 한 장, 약간의 버터와 소금이라는 아주 단출한 재료 구매비와 촬영지인 춘천까지 왕복 기름값 및 톨게이트 비용 등을 더해 3만원 내외의 비용이 소요됐다.

### 캠핑한끼 요리를 직접 맛본 인원

캠핑한끼, 정말 보이는 만큼 맛있을까? 캠핑한끼 음식을 직접 맛본 가족, 친구, 지인 등 100여 명에게 현재까지 베스트 리액션을 받은 메뉴는 '수제버거'. 유명 브랜드의 수제버거보다 훨씬 맛있다는 칭찬을 들었다. 워스트 리액션은 아무 맛도 안 난다는 친구의 평을 받은 '솔잎삼겹살'. 단, 친구가 술 먹은 다음 날 숙취를 앓는 상태로 바닥에 떨어진 삼겹살 한 점을 주워 먹고서 던진 말이라는 캠핑한끼의 변이 있었다.

### 최다 고기 투척 영상

캠핑한끼 고기 요리 영상의 트레이드마크인 '도마에 고기 투척' 장면은 그냥 탄생하지 않는다. 도마 한복판에, '철썩!' 차진 소리와 함께 다소곳하게 안착해야 한다는 두 가지 조건을 동시에 만족시켜야 하므로 될 때까지 몇 번이고 던진다. 고기를 가장 많이 던졌던 영상은 총 22번의 '등심스테이크'. 고기를 잘 던지는 비법은 고기의 평평한 면이 도마 면에 평행하게 떨어지도록 각도를 잘 잰 다음 손목 스냅을 이용해 투척하면 된다.

### 촬영 방해 요소 TOP 3

**해의 위치** 조명을 별도로 쓰지 않으므로 태양의 움직임에 따라 스토브 등 촬영 세팅을 계속 옮겨야 한다. 겨울에는 오후 3시면 해가 지기도 해 촬영 시간이 부족할 때도 많다.

**날벌레** 프레임 안으로 수시로 쳐들어오는 날것의 빌런들. 손으로 휘이휘이 쫓아가며 촬영할 수밖에.

**소음** 현장 녹음 사운드를 영상에 그대로 활용하는 편이라, 소음 원인이 사라질 때까지 촬영이 무한 중단되기도 한다. 차가 다 지나갈 때까지, 비행기가 다 날아갈 때까지. 그래서 내내 사람 소리, 음악 소리가 나는 캠핑장에서의 촬영은 어쩔 수 없이 피하게 된다고.

Views

# STATISTICS

## HISTORY

* '소셜 블레이드', 2019년 9월 16일 기준

### 주별 구독자 및 조회수

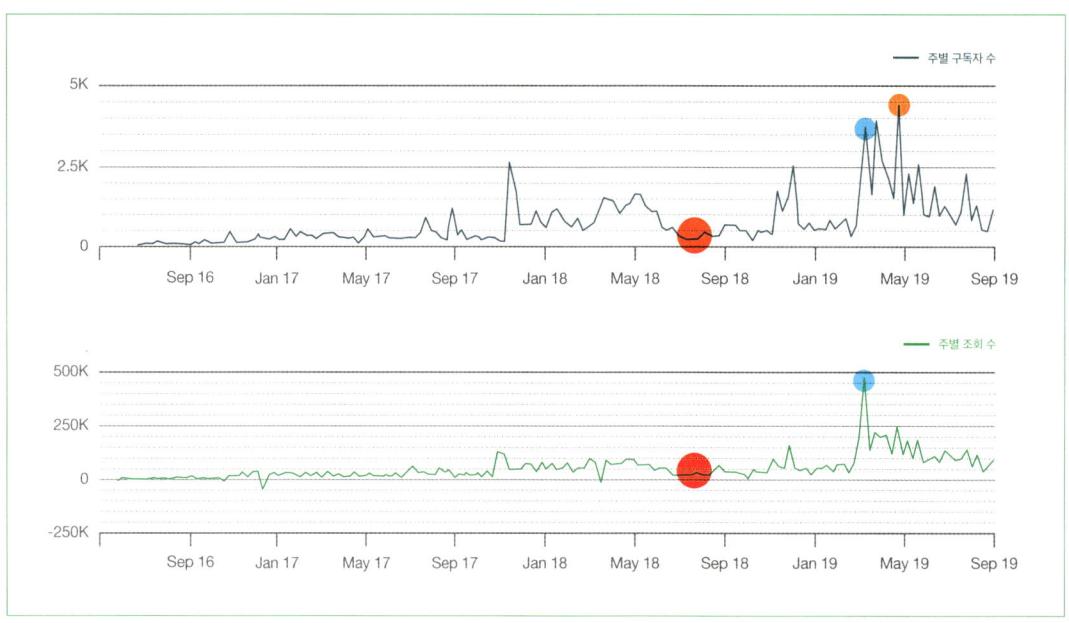

🔴 **2018년 7~9월**

미세한 하락 구간이 발생했다. 주별 구독자 수가 잦아들었고, 주별 조회수도 전에 비해 주춤거리는 모양새다.

2018년 7월 2일 '와규 / 등심 / 스테이크 샐러드' 영상 이후 9월 9일 '부채살스테이크' 영상이 올라올 때까지 약 두 달간 영상 업로드가 잠시 중단되었던 게 원인으로 추정된다. 너무 무더운 여름 날씨로 캠핑 가기가 힘들어서 '쉬어가는' 두 달을 보냈다고.

한편, 두 달 넘도록 영상 업데이트가 없었음을 감안했을 때 사실상 조회수 / 구독자 수 하락 폭이 그리 크지 않았다는 건 의미심장하다. 정기적인 콘텐츠 업로드가 유튜버들 사이에서 구독자 수를 지켜내기 위한 '기본 중의 기본 덕목'으로 통하고 있다는 걸 고려하면 더더욱. 그만큼 구독자들의 충성도가 높다는 뜻인데, 아마 '이 정도 고퀄 콘텐츠면 좀 늦게 올라와도 괜찮다'고 저절로 수긍이 되어서가 아닐까? 영상마다 한 땀 한 땀 얼마큼 공을 들여 만드는지 눈에 뻔히 보이니 말이다.

🔵 **2019년 3월 18일**

제대로 터졌다. 주별 구독자 수, 주별 조회수가 이날 하루 미친 듯이 뛰었다. 이는 앞서 살펴본 대로, 2019년 2월 15일 업로드된 '숯불삼겹살구이' 영상에 뒤늦게 베트남과 태국 시청자들을 필두로 한 동남아시아 시청자들이 대거 유입된 결과로 판단된다. 이날 '숯불삼겹살구이' 영상은 단독으로 조회수 9만 6000여 회를 기록한다.

🟠 **2019년 5월 3일**

3월 18일 '물꼬'를 튼 이후 채널은 쭉 순항 중이다. 5월 3일에는 일별 구독자 수 2140명으로 채널 역사상 최고 수치를 기록했으며, 3월 18일 이후 업로드된 영상 7개 중에 3개('고든 램지의 해시브라운', '미나리삼겹살', '안심구이')가 현재 채널 인기 영상 TOP 15 안에 포함돼 있다.

---

신규 콘텐츠에 대한 가중치가 커서 콘텐츠를 자주 업로드해야만 노출량이 유지되는 블로그나 인스타그램과 달리 유튜브는 꽤 보수적인 알고리즘을 적용한다. 예전에 올라온 것이든 새롭게 업로드된 것이든 그것이 '좋은' 콘텐츠라면 더 많이, '나쁜' 콘텐츠라면 되도록 적게 노출되는 방향을 지향하며 따라서 노출의 순위 변화 역시 크지 않은 편. 유튜브 알고리즘이 콘텐츠의 '좋음'과 '나쁨'을 판단하는 중요한 기준 중 하나는 평균 조회율이다. 캠핑한끼는 평균 조회율 30% 이상의, 즉 '좋은' 콘텐츠로 판명되는 영상을 여럿 보유하고 있다. 따라서 보다 쉽게 노출량을 확보할 뿐 아니라 타 채널들의 캠핑 영상과의 경쟁에서도 비교적 오랫동안 노출량을 유지할 수 있는 것. 무려 두 달간 신규 콘텐츠가 없었음에도 구독자 수 증가가 그저 주춤거리는 수준에 그치고 또 채널 자체는 꾸준히 성장한 것 역시 이 같은 유튜브 알고리즘 작용에 따른 결과라 볼 수 있다. 물론, 캠핑한끼가 지금보다 더 자주 콘텐츠를 업로드한다면 노출량과 구독자 수를 더 빠르게 확보할 수 있을 테다. 하지만 지금처럼 느리더라도 '좋은' 콘텐츠를 꾸준히 올린다는 조건만 만족한다면, 속도가 조금 더딜 뿐 채널은 지속적으로 성장할 것이다. 오종현, '오씨아줌마' 유튜브 채널 운영자

Data

**FUTURE**

* '소셜 블레이드', 2019년 9월 16일 기준

### 향후 구독자 및 조회수

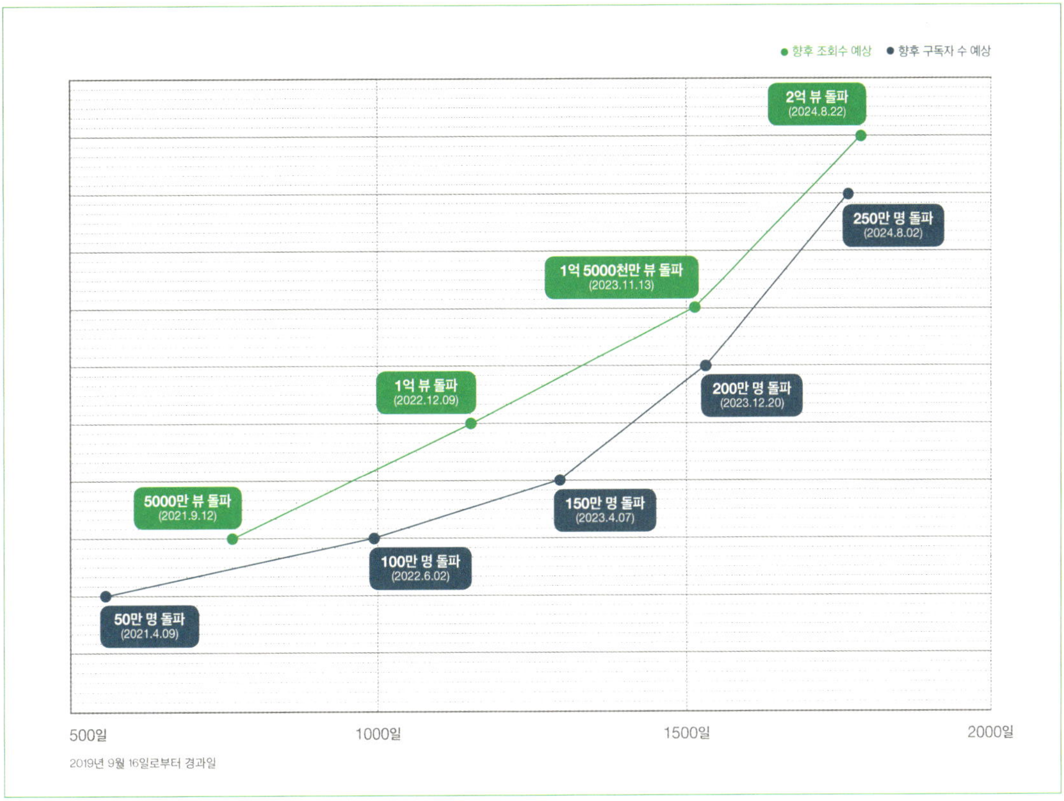

● 향후 조회수 예상    ● 향후 구독자 수 예상

- 2억 뷰 돌파 (2024.8.22)
- 250만 명 돌파 (2024.8.02)
- 1억 5000천만 뷰 돌파 (2023.11.13)
- 200만 명 돌파 (2023.12.20)
- 1억 뷰 돌파 (2022.12.09)
- 150만 명 돌파 (2023.4.07)
- 5000만 뷰 돌파 (2021.9.12)
- 100만 명 돌파 (2022.6.02)
- 50만 명 돌파 (2021.4.09)

500일 / 1000일 / 1500일 / 2000일

2019년 9월 16일로부터 경과일

눈덩이가 불어나듯, 구독자 수가 많아질수록 구독자 수 증가 속도도 점점 빨라진다. 2014년 4월 채널 첫 개설 이후 구독자 0명에서 구독자 100만 명(2022년 6월 예상)을 찍기까지 대략 2980일 즉 8년 2개월 정도가 걸릴 예정인데, 구독자 100만 명이 200만 명(2023년 12월 예상)으로 불어나는 데는 약 545일 즉 1년 6개월 가량밖에 걸리지 않을 전망이라니. 매번 '콘텐츠 퀄리티에 비해 구독자 수가 너무 느리게 늘어 안타깝다'는 평을 받아온 캠핑한끼 채널 입장에서는 여러 가지 감상이 오갈 만한 대목이다. 하지만 예측은 예측일 뿐, 훨씬 더 빠르고 여유롭게 100만 고지를 넘기고 1000만 고지를 향할 수도 있으니 두고 볼 일.

**CONTRIBUTING COMMENTER**

**오씨아줌마 오종현**

디지털마케팅 전문가로 다양한 기업의 컨설팅을 진행하고 있으며, 패스트캠퍼스, 블로터아카데미, 멀티캠퍼스 등에서 강의를 하고 있다. 현재 '오씨아줌마'라는 유튜브 채널과 '오씨네학교'라는 유료 강의 사이트를 운영 중이다. 저서로는 <유튜브 마케팅 컨설팅북>, <네이버마케팅 트렌드 2019>, <블로그 컨설팅북> 등이 있다.

이메일 admin@ocworld.kr 홈페이지 https://ocschool.me

**이수진**

유튜버로 2년 반가량 활동했다. 유튜버로 성공하기 위해 다른 유튜버들과 이야기를 나눴던 것에 착안해 쓴 논문 <유튜버의 일, 수익성, 자율성>으로 서울대 언론정보학과에서 석사 학위를 받았다. 보스턴대에서 커뮤니케이션을 공부했고, 현재는 콘텐츠 기획 및 제작 분야에 종사하고 있다.

이메일 suejinism89@gmail.com

# Get Ready with 캠핑한끼

캠핑한끼를 처음 만나는
당신을 위한 영상 큐레이션

단시간에 채널을 정복하고 싶다면?
캠핑한끼와 에디터가 함께 꼽은
베스트 영상 TOP 5부터 확인해볼 것.

WORDS BY NOH NAREE

### 캠핑한끼, 뭐가 그리 특별하냐고 묻는 당신을 위한 '숯불삼겹살구이'

**POINT**
업로드 5개월 만에 조회수 150만 회를 돌파한 채널 내 최고 인기 동영상

**GUIDE**
캠핑한끼 특유의 마성의 영상미에 서사까지 갖췄다. 지글지글 구운 숯불삼겹살에 차가운 소주 한 잔을 나누는 모습을 보다 보면, 캠핑 뽐뿌로 무작정 배낭부터 꺼내 들게 되니 주의할 것.

### 쿡방 보면서 힐링한다는 말이 좀처럼 와 닿지 않는 당신을 위한 '채끝등심 & 감자양파스프'

**POINT**
큰 멍뭉이와 함께 유유자적 카누를 타고, 뚝딱 만든 허브 다발 기름붓으로 버터를 발라가며 등심을 굽는 힐링 끝판왕 영상.

**GUIDE**
6분 8초부터 반전 연출+캠핑한끼 얼굴 노출 신을 놓치지 말 것. 이 영상이야말로 자연을 꿈꾸는 도시인에게 헌정하는 한 편의 영화다.

## On Air

### 하울 영상? 자랑질 하는 걸 굳이 왜 찾아보냐는 당신을 위한 '배낭털기'

**POINT**
캠핑한끼 하이라이트 장면들을 재연출하며 장비를 소개하는, 어디서도 본 적 없는 '캠핑하울' 영상.

**GUIDE**
좋은 거, 비싼 거 자랑하는 하울을 상상한다면 오산. 오랜 시간 즐겨 쓰면서 자연스레 손때 묻은 '캠핑 버디'들을 담담히 소개하는 모습이 정말 '캠핑한끼스럽다'.

### 내일 당장 캠핑 가서 따라 할 수 있는 요리 팁을 찾는 당신을 위한 '계란토스트'

**POINT**
빵, 버터 약간, 치즈 한 장, 계란 한 개. 소박한 재료와 레시피지만 느낌만은 정찬 못잖은 '한끼' 쿡방.

**GUIDE**
'나도 이 정도는 해 먹을 수 있겠지' 라는 착각과 환상(?)을 불러일으키는 영상. 반합을 미니 오븐으로, 스테인리스 컵을 브레드 커터로 활용하는 등 조리 과정을 가능한 간소화시키는 캠핑 요리만의 특성과 매력이 잘 드러나 있다.

### 부시크래프트, 과연 한국에서도 가능한지 궁금한 당신을 위한 '캠핑하루'

**POINT**
여긴 아마존 아닌가요? 배경도 영상 퀄리티도 도무지 '국산' 같지 않은 카누캠핑&부시크래프트.

**GUIDE**
캠핑쿡이 캠핑한끼의 전부는 아니다. 카누잉부터 부시크래프트, 낚시, 스쿠버다이빙 등 아웃도어를 주제로 한 다양한 콘텐츠를 선보이는 채널의 또 다른 면모를 확인해보자.

Views

# The Art of Collaboration
## 광고인 줄 알고도 못 끊는 캠핑한끼 컬래버레이션 영상

PPL도 이 정도면 예술의 경지. 작품 감상하듯 보게 되는
브랜드 컬래버레이션 영상 5가지를 꼽았다.

WORDS BY NOH NAREE

**등심스테이크** "혼자 기획, 촬영, 편집한 결과물이 어느 정도 퀄리티까지 보여줄 수 있는지 도전해보고 싶었다"는 영상. 아닌 게 아니라 차체 위로 우아하게 비치며 흐르는 소나무와 하늘, 여기가 한국이 맞는지 의심케 하는 눈부신 드론샷이 등심스테이크 요리 장면과 자연스럽게 어우러지면서 '레인지로버 벨라'를 향한 무한한 로망을 심어준다. 이 정도면 협찬비로 레인지로버 벨라 한 대를 준대도 아깝지 않을 듯

**연어구이** 눈 위에 얹은 투박한 나무 도마에 붉고 거대한 연어를 올려 쓱쓱 썬다. 반합에 연어와 쯔유를 담고 눈밭 아래 파묻어 숙성시킨 후 그릴에 굽는다. 연어 하나 굽는 건데 그 배경이나 과정이 예사롭지 않아, 연어 잡으러 노르웨이에 간 내셔널지오그래픽 다큐팀이 찍었다고 해도 납득이 갈 정도다. 당연한 이야기지만 덕을 보는 건 내셔널지오그래픽 어패럴. 연간 홍보 계약(2017년 1~12월)을 맺고 제품 협찬을 하기도 했으나 사실 제품보다 캠핑한끼의 영상 자체가 '내셔널지오그래픽보다 더 내셔널지오그래픽스러우니' 이보다 더 성공적인 컬래버레이션이 있을까. 채널에 괜히 '내셔널지오그래픽 감독님이 운영하는 채널인가요?'라는 농담 반 진담 반 댓글이 달리는 게 아니다.

## Collaboration

**에그인헬** 야외에서 요리하는 콘텐츠를 만드는 입장에서 세심하게 챙겨야 하는 부분 중 하나가 바로 '환경보호'다. 그런 점에서 흐르는 물을 에너지로 전환시키는 휴대용 수력발전기 브랜드 이노마드와의 협업은 캠핑한끼 채널과 찰떡궁합이라고 할 수밖에. 요리를 하는 동안 계곡물에 담가둔 프로펠러로 자연스럽게 전기를 생산하고, 그것으로 조명을 켜서 밤캠핑을 즐기는 모습은 '지옥에서 온 달걀'이라는 요리 콘셉트를 잘 살려주는 동시에 보는 것만으로도 환경보호에 참여하는 듯한 기분을 선사한다.

**조개술찜** 캠핑한끼가 한때 소속돼 있던 아웃도어 전문 MCN 'FORK OUTDOOR NETWORK' 채널에 게시된 영상. '도심 속의 캠핑한끼'라는 콘셉트로 2017년 4월 현대카드의 공유 오피스 '스튜디오 블랙' 루프톱에서 조개술찜 요리를 선보이는 내용을 담고 있다. 영상에서만 보던 '캠핑한끼 님'을 오프라인에서 마침내 '영접'할 수 있었던 날의 기록이라는 측면에서 특기할 만한 영상. 정작 본인은 "전문 셰프도 아닌데 현장에서 실시간으로 요리를 선보이고 맛을 평가받으려니 너무 어색하고 민망했다"는 후문이다.

**닭갈비** 캠핑한끼는 강원도와 강원시청자미디어센터가 진행한 '2019 강원영상콘텐츠 공모전'에서 1등(방송통신위원장상)을 수상했다. 관련해 내놓은 콘텐츠 가운데 눈에 띄는 것은 본인의 고향이기도 한 춘천을 주제로 쓴 장장 12분짜리 '닭갈비' 대서사시(?). 이제는 추억이 되어버린 '춘천 가는 기차'를 타고 떠나 춘천닭갈비에 깻잎쌈, 동치미 국물까지 야무지게 들이컨 후 남은 양념에 볶은 밥을 한 술 막 뜨는 순간, 춘천행 ITX를 기다리고 있는 현실로 돌아오는 내용이다. 과거와 현재를 오가는 스토리텔링이 한 편의 영화라 해도 손색없으며, 무엇보다 의도했던 대로 보는 이에게 춘천 여행과 춘천닭갈비에 대한 갈망을 불러일으킨다. 혹 이러다 언젠가 '자랑스러운 춘천인 상'이라도 받으시는 거 아닌지.

Views

# CSI: Camp Scene Investigation
### 과학수사대도 울고 갈 캠핑한끼 완전 해부

미식, 디지털 마케팅, 영상, 캠핑 전문가가 각자 캠핑한끼를 '씹고 뜯고 맛보고 즐기며'
성공의 이유를 낱낱이 분석했다.

ILLUSTRATION BY SUHWAN JEE

## LIQUOR SPECIALIST

### 술 전문가가 본 '캠핑한끼'

AGENT 1

LIQUOR SPECIALIST INVESTIGATION REPORT

술꾼들이 인정하는 알코올 백서 <스피릿 로드>의 저자이자 여행 부문 1위 팟캐스트 '탁PD의 여행수다' 진행자이기도 한 트래블 저널리스트 탁재형은 캠핑한끼야말로 페어링의 기본을 아는 남자라고 말한다. 전 세계 500여 개국을 누비며 영상을 만들어온 다큐멘터리 감독이라는 본업을 숨기지 못해 붙인 서두의 날카로운 분석은 맛있는 안주 격이다.

#### KEEP CALM AND JUST DRINK

고백하건대 크리에이터들의 창작물을 볼 때 직업적 촉이 발동하는 것은 어쩔 수가 없다. 아무리 조회수가 많고 내용이 재미있어 보인다 해도 카메라 워킹이 참기 힘들 정도로 지저분하다든가, 오디오의 수음 풋音 레벨이 잘못되어 소리가 찢어진다든가 하면 딱 보기가 싫어진다. 그런 면에서 캠핑한끼의 콘텐츠는 다른 것들에 비해 유독 도드라져 보인다. 구성이나 감각도 훌륭하지만 그보다 눈길을 끄는 것은 기본에 충실하고 짧은 업력 業力으로는 나오기 힘든 깊이감이다. 동영상 카메라를 처음 손에 쥐어보는 이들은 대체로 정지된 구도에는 관심이 없다. 액션캠처럼 이리저리 휘두르고, 매단 채 달리고, 심지어 하늘로 날려 보내야 직성이 풀린다. 하지만 의외로 촬영자의 밑천이 드러나는 것은 정지된 것을 담을 때다. 잘 짜인 프레임 안에서 원하는 것들이 움직이게끔 할 수 있을 때 비로소 '동영상 촬영의 기본'을 한다고 말할 수 있다. 절제되어 있으면서도 흥미로움을 잃지 않게 만드는 캠핑한끼의 영상은 그의 녹록지 않은 실력을 말해준다. 해상력이 높으면서도 잡음 없이 수음되는 오디오 역시 이 콘텐츠가 가지는 '푸드포르노'로서의 날카로움을 더해준다. 이처

럼 '기본'은 캠핑한끼의 기술적 토대부터 각각의 에피소드까지 관통하는 일관된 키워드다.

사실, 음식과 술의 페어링이라는 관점에서도 똑같이 적용할 수 있다. 페어링의 기본 중 기본은 '로마 음식엔 로마 술을 곁들이라'는 것이다. 같은 지역에 사는 입맛 비슷한 이들을 위해 같은 뿌리에서 갈라져 나온 음식과 술은 어울리지 않을 수 없다. 해산물이라면 사족을 못 쓰는 일본인이 발전시켜온 술이 바로 사케다. 그 둘의 조합은 웬만하면 실패할 수 없다. 하지만 이것은 종종 '일본 남자에겐 일본 여자가 어울린다'와 같은, 디테일이 없으면 의미를 찾을 수 없는 명제가 되고 만다. 중요한 것은 장점을 돋보이게 하고 모자란 부분을 채워주는 보완적 관계가 성립하는가, 그리고 T.P.O. Time, Place, Occasion의 선택이 적절한가이다. 캠핑한끼의 '꼬치어묵탕'편의 말미에 등장하는 사케 '간바레 오토상'은 그런 의미에서 영리하다. 사케는 쌀로 빚는 양조주다. 그 과정에서 잡스러운 맛과 향을 줄이기 위해 쌀의 겉표면을 깎아내어 사용한다. 그 도정률 搗精率에 따라 등급과 가격이 정해진다. 도정률 이외에도 어떤 쌀을 썼는가, 쌀 이외의 부가 재료가 들어갔는가, 도수를 높이기 위한 별도의 알코올을 첨가했는가에 따라 무수히 많은 카테고리가 존재한다. '간바레 오토상'은 그런 의미에서 고급은 아니다. 우리나라에서 이자카야를 중심으로 제법 인기가 있지만 정작 일본에서는 음식점에서 찾아보는 것 자체가 쉽지 않은 대중주다. 이름 자체가 '아빠, 힘내'라니, 대놓고 주머니 사정 가벼운 중년의 샐러리맨을 타깃으로 하고 있는 거다. 야외에 나와 어묵이 듬뿍 들어간 진한 맛의 탕을 끓

였다. 여기에 섬세한 맛을 내기 위해 쌀알 표면의 60% 이상을 깎아 낸, 최고의 사케를 곁들인다? 딱 맞게 숙성된 생선회 한 점을 위해서라면 모를까, 도쿠센 준마이 다이긴죠에 어묵탕은 잘못된 만남이다. 돈 낭비, 술 낭비랄까. 간장 베이스의 진한 맛에 밀리지 않는 적당히 강하고 거친 맛의 사케가 옳다. 게다가 가격도 부담 없고 팩 포장이어서 배낭에 푹 찔러 넣기에도 편하다. 이런 모든 것이 맞아떨어질 때, '한 점에 한 잔'이 완벽한 하나가 된다는 사실을 그는 알고 있다.

'해물버터구이'편도 그런 면에서 눈길을 사로잡았다. 누가 뭐래도 기름은 맛이요, 진리요, 사랑이다. 내가 하는 말이 아니다. 우리의 뇌가 하는 말이다. 인류의 역사시대 6000년. 그전에 훨씬 길었던 10만 년의 진화 기간 동안 우리는 부유했던 적이 많지 않다. 상시적인 영양 부족에 시달렸고, 어쩌다 먹을 기회가 생기면 최대한 몸에 욱여넣어야 했다. 그렇게 체내에 지방으로 비축해야, 닥쳐올 긴 겨울과 기근을 버텨낼 수 있었다. 우리의 DNA에 '기름진 맛은 곧 맛있는 맛이니 닥치고 먹어!'라는 코드가 새겨져 있는 이유다. 버터는 여기에 어미 소의 모성이라는, 유아기에 대한 향수를 자극하는 풍미까지 더해진 매우 위험한 기름이다. 적절히 쓰이면 요리가 등장하자마자 사라지게 만드는 마법을 부린다. 하지만 버터는 굳기름이다. 음식의 온도가 낮아지면 다시 고체로 돌아가기 시작한다. 그리고 지방이 주는 미각은 쉽게 지치고 질리게 만드는 성질도 있다. '느끼함'이 그 상태에 대한 언어적 표현이다. 탄산은 이 국면에 대한 훌륭한 솔루션이다. 튀김에 맥주, 치킨에 맥주가 정답인 이유다. 게다가 밸러스트 포인트 그루니언이라니! 밸러스트 포인트는 미국산 홉을 아끼지 않고 쓰는 것으로 정평이 난 브루어리다. 인디카, 로그 등과 함께 우리나라에 미국식 크래프트 맥주 붐을 몰고 왔던 브랜드 중 하나이기도 하다. 모든 맥주에 물고기의 이름을 붙이는 밸러스트 포인트에서 '그루니언 색줄멸'은 페일 에일 Pale Ale 장르에 속한다(왜 몸길이 15cm 내외의 정어리 비슷한 물고기 이름을 산뜻한 페일 에일에 붙였는지는 밸러스트 포인트 본사에 직접 문의하시라). 오렌지, 자몽, 감귤의 풍미를 닮은 미국 홉 Hop의 '시트러스'함을 만끽할 수 있는 녀석이라는 얘기다. 버터로 맛을 끌어올린 해산물 구이 한 점에 그 맛만 살려주고 느끼함을 가라앉혀주는 물고기 라벨 맥주 한 모금! 아, 이보다 완벽한 짝이 또 있을까. 그는 이 페어링 역시 잘 알고 있다.

정성이 들어간 술, 요리, 그리고 영상을 사랑하는 사람으로서 캠핑한끼는 요모조모 둘러보고 다시 보고 뜯어볼 매력이 가득한 콘텐츠다. 다만, 오래는 못 보고 있을 성질의 것이었다. 더 보고 있다가는 나도 모르게 배낭에 몇 가지 도구와 술 한 병을 찔러 넣고 훌쩍 떠나게 될 것만 같아서다. 물론 술이 등장하는 에피소드만큼이나 술이 등장하지 않는 에피소드도 재미있게 시청했다. 애주가라면 저 경우에 어떤 술을 곁들일까에 대한 고민을 하며 보는 재미도 쏠쏠할 것이다. 이를테면 '와사비소고기'편의 말미에 '화요'나 안동소주 같은 우리 전통 증류식 소주를 곁들였다면 어땠을까. 일본 드라마를 통해 우리에게 알려진 조리법에, 우리 음식 문화의 정수가 담긴 술을 매치하는 것은 날로 험악해지는 한일 관계를 우리 몸 안에서만이라도 개선시키는 시도가 되었을 테니 말이다. 아니, 다 떠나서, 끝내주게 맛났을 테니까.

### 탁PD가 꼽는 술을 부르는 영상 Best 3

**수제버거**

영상에는 콜라가 등장하지만 버거+콜라가 정답이듯 버거+맥주도 언제나 정답! 다만 향이 너무 강한 에일 종류보다는 홉 향이 적절히 올라오는 독일식 라거나 크래프트 필스너를 추천한다.

**숯불삼겹살구이**

얼음물에 담가 차게 한 소주를 곁들였다. 무난한 선택이지만 칠레산 카베르네 소비뇽 같은 부담 없지만 정석적인 레드 와인을 페어링해도 재미있을 듯싶다. 돼지고기의 풍미를 다른 방향으로 살짝 틀어주는 레드 와인의 향 역시 거부할 수 없는 유혹이니까.

**볏짚조개구이**

발화의 원료이자 향을 북돋는 재료로 럼이 등장할 줄이야! 유럽에 화이트 와인을 이용해 조개류를 뭉근히 끓여내는 조리법이 있는 건 알고 있었지만, 도수 높은 증류주를 이용해 불도 붙이고 향도 입히는 조리법은 당장 한 번 따라 해보고 싶어졌다. 저렇게 구운 조개에 칠링된 샤르도네 정도의 화이트 와인 한 잔이라면, 정말 완벽한 캠핑이 될 듯하다.

Views

# DIGITAL MARKETING SPECIALIST

## 디지털 마케팅 전문가가 본 '캠핑한끼'

다양한 기업의 디지털 마케팅 컨설팅을 담당하고 있으며 유튜브 채널 '오씨아줌마', 유료 강의 사이트 '오씨네학교' 외 여러 교육기관에서 디지털 마케팅 강의를 하고 있는 오종현 대표는 캠핑한끼의 독보적 정체성에서 인기의 이유를 찾는다.

### 남다른 '한 뼘'의 차이

하고많은 캠핑쿡 영상 가운데 왜 유독 캠핑한끼의 영상이 화제가 되는 걸까. '캠핑요리'라는 키워드 검색 결과 나오는 유튜브 영상 몇몇만 살펴봐도 그 차이를 확인할 수 있다. 다른 영상들은 대체로 한밤에 숯불을 피워놓은 캠핑장을 배경으로 인물이 직접 등장해 메뉴를 간단히 소개한 후 요리 준비와 요리 과정 그리고 먹는 모습을 보여준다. 그러다 보니 화면이 어두워 요리가 잘 안 보이기도 하고, 정해진 카메라 동선이 없는 브이로그식 화면 전개로 현장감은 있을지언정 정작 메인 주제인 요리에 집중하기는 어렵다. 보고 나면 '재미있는 캠핑 브이로그를 봤다'는 감상이 들 뿐 '캠핑요리를 위한 레시피를 봤다'는 생각은 들지 않는 것이다.

반면 캠핑한끼는 먼저 드론 등 다양한 촬영 방법을 동원해 캠핑요리가 진행되는 자연 배경을 아름답게 담은 인트로부터 보여준다. 영상 시작부터 감정이입을 할 수 있는 장치다. 또한 요리 전 과정이 4K의 고화질로 촬영되는 데다 미리 잘 조율된 카메라 동선도 집중도를 높인다. 극도로 조용한 사운드와 잘 정돈된 연출 역시 몰입에 도움이 된다. 그 흔한 배경음악, 효과음도 없는 이런 영상은 까딱하면 지루해지기 쉬운데 캠핑한끼는 요리하는 소리와 자연의 소리를 극대화하는 방식으로 이를 똑똑하게 해결하고 있다. 도마에 칼질하는 소리와 물이 끓고 고기를 굽는 소리, 바람이 불고 새가 울고 낙엽이 떨어지는 소리가 조화를 이루면서 보는 사람들의 감각을 계속 자극하는 한편 캠핑요리에 대한 갈망도 더욱 키우니 일석이조. 의외로 빠른 화면 전환도 빼놓을 수 없다. 요리를 단계별로 차근차근 보여주되 한 컷이 길어도 10초를 넘지 않는다. 잠시라도 영상에 집중하지 않으면 레시피를 놓치기 쉬우니 시청자는 절로 이목을 모을 수밖에.

캠핑한끼에는 일반 요리 영상이 줄 수 없는 캠핑쿡만의 매력도 잘 담겨 있다. 주방처럼 모든 도구가 잘 갖춰져 있지 않은 환경에서 어떻게 그 부족함을 채우며 요리해 나가는지 과정을 지켜보는 건 꼭 캠퍼가 아니더라도 충분히 흥미를 품을 만한 내용이다. 나무를 깎아 꼬치를 만들고, 허브 다발로 기름붓을 대신하고, 요리 도구 아래 돌을 정렬해 받쳐서 균형을 맞추는 모습을 지켜보고 있노라면 일종의 '서바이벌' 느낌마저 들어 색다른 재미가 느껴진다.

고화질의 뛰어난 영상미와 적절한 긴장감의 화면 전환, 날것의 소리를 최대한 활용한 오디오로 자칫 지루하거나 평범해지기 쉬운 콘텐츠에 생기를 불어넣고, 캠핑 전문가가 줄 수 있는 캠핑 노하우를 함께 녹여 전문성과 재미도 보완하니, 이만하면 인기의 이유가 충분하지 않은가.

나뭇가지를 모아 뾰족하게 다듬어 '천연' 어묵꼬치를 만든다.

캠핑쿡에서 나뭇가지의 쓰임새는 다양하다.

Reports

# FILM SPECIALIST

## 영상 전문가가 본 '캠핑한끼'

브라운아이드걸스, 어반자카파 등 뮤직비디오 다수와 CF, 다큐멘터리 등 다양한 영상을 연출하면서 사운드 작업도 병행하는 허남훈 감독은 캠핑한끼가 어떻게 채널 정체성에 딱 들어맞는 영상과 사운드를 보여주는지에 주목한다.

### 채널 콘셉트에 가장 충실한 영상과 사운드

어떤 시선(앵글)으로 찍을 것이며, 어떻게 나열해서 편집하고, 어떤 사운드를 입힐 것인가. 영상 고유의 개성은 이 세 가지 질문에 대한 답을 치열하게 고민하는 과정에서 부여된다. 캠핑한끼의 영상도 이 세 가지 측면에서 살펴보았다.

먼저 눈에 띄는 건 '심도'를 잘 활용하고 있다는 점이다. 초점이 선명하게 포착되는 영역을 제외한 나머지 부분은 뿌옇게 보이도록 해 초점이 맞춰진 피사체에는 더욱 눈을 집중시키는 동시에 화면 구성에 깊이를 부여하는 방법이다. 캠핑한끼의 경우 당연하게도 초점은 '음식'에 맞춰져 있다. 스테이크를 구울 때 스테이크 중앙 부분에만 초점이 맞고 프라이팬이나 배경의 풀이나 작은 나뭇가지 등의 요소는 흐릿하게 처리되는 식. 이런 심도 조절은 특히 요리하는 모습 전체를 타이트한 앵글 안에 모두 담을 수 있는, 너무 부피가 크지 않은 음식 조리 과정을 촬영할 시 효과적인 기술이기도 하다. 신 대부분이 고정된 프레임 안에서 요리하는 손과 식자재, 조리 도구만 움직이도록 연출되고 또 그것을 너무 빠르지 않은 호흡의 편집으로 담아낸 것도 적합하다. 고정된 화면은 보는 이에게 편안함과 안정감을 느끼게 하고, 적당한 속도의 편집은 자연 속에 머무를 때 느낄 수 있는 여유를 전달하기 때문이다. 한마디로 캠핑한끼의 콘텐츠 성격과 잘 맞아떨어지는 훌륭한 선택이다.

한편 사운드 측면에서는 구이 요리를 자주 선보이는 캠핑한끼의 탁월한 메뉴 선정이 돋보인다. 많은 사람들이 영상은 이미지 위주로 구성된다고 생각하지만 나는 개인적으로 영상 완성도의 80%는 사운드가 좌우한다고 본다. 그런 맥락에서 구이 요리는 '요리 영상'으로 높은 점수를 받을 수밖에 없다. 구이 요리에서 가장 즐길 만한 요소 중 하나가 바로 '굽는 소리를 듣는 것'이니까. 다만 가능하다면 오디오 후반 작업에 좀 더 힘을 실어보라고 제안하고 싶다. 지금보다 더 진일보한 퀄리티의 사운드를 확보할수록 캠핑한끼 영상 자체의 퀄리티도 훨씬 올라갈 것이다. 후반 작업도 중요하지만 사운드에서 가장 중요한 건 '좋은 소스'를 확보하는 것이므로 현장에서 쓰는 사운드 장비를 일부 보완하는 것도 한 방법이겠다.

이미지, 시각만으로 정보를 수집하는 시대는 점차 뒤편으로 물러나는 듯하다. 이제는 보는 것 이외에 듣고, 맡고, 맛보고, 만지는 나머지 감각을 건드려 상상의 정보까지 수집하는 과정에 들어섰다. 캠핑한끼 영상만 해도 사운드에서 불과 풀, 흙, 나무 냄새가 연상되고 요리하는 소리에 침이 고이며 이전에 먹었던 맛의 기억이 소환되면서 맛보지 않았는데도 마치 맛본 듯한 기분을 선사한다. 이처럼 오감을 즐겁게 하는 유튜브 채널들이 앞으로도 많이 등장해서 사람들에게 다양한 영감을 전하길 바란다.

메인 요리인 스테이크에 포커스를 맞추고 마늘 등 부재료는 흐릿하게 보여준다.

배경이 뭉개져서 새우가 더욱 눈길을 사로잡는다.

Views

# CAMPING SPECIALIST

## 캠핑 전문가가 본 '캠핑한끼'

자타 공인 한국 캠핑계의 고수로 <당신에게, 캠핑>, <오토캠핑 바이블> 등 20여 권이 넘는 캠핑 및 여행 관련 서적을 집필한 출판사 '꿈의 지도' 김산환 대표는 캠핑한끼를 '자연을 무대로 암약하는 고독한 미식가'라 규정한다.

AGENT 4
CAMPING SPECIALIST INVESTIGATION REPORT

### 캠핑쿡의 '한 수'를 아는 남자

자연의 서정미를 제대로 담아낼 줄 아는 감각에 요즘 말로 '맛잘알' 혹은 '요리잘알'까지 더한 팔방미인 채널. 단순히 캠퍼들을 유혹(?)하기 위해 캠핑 요리 아이템을 차용한 수준이 아니다. 캠핑한끼 채널에는 캠핑쿡 재료와 레시피를 탁월하게 이해하는 사람만이 내놓을 수 있는 영상이 곳곳에 포진해 있다. 대표적인 예가 바로 '안심구이'편. 겉을 노릇노릇하게 익힌 안심을 나뭇가지로 만든 주걱을 이용해 죽죽 찢는 모습이 등장하는데, 적당한 마블링의 안심은 굳이 가위나 칼을 쓰지 않아도 잘 찢어진다는 걸 아는 사람 즉 재료에 대한 지식이 풍부한 사람만이 연출할 수 있는 장면이다. 또 스테이크와 찰떡궁합이면서 야외 요리용으로도 적합한 감자와 껍질을 까지 않은 통마늘을 부재료로 활용하는 데서도 '잘알'의 포스가 물씬 풍긴다. 마무리로 볶음밥을 볶으며 쇠고기의 느끼한 맛을 잡게끔 잘게 썬 깍두기를 깍두기 국물과 함께 투입하는 장면은 그야말로 화룡점정, 여기에 프라이팬에 달라붙은 볶음밥의 누룽지를 알차게 긁어 먹는 모습까지, 캠핑한끼는 캠핑쿡은 물론 '캠핑 먹방'의 로망도 너무나 잘 파악하고 있는 채널이다.

또 하나 칭찬받아 마땅한 점은 캠핑쿡의 한계 안에서 최대치의 맛깔스러운 한끼를 만들어낸다는 것. 백패킹의 캠핑쿡은 딱 내가 짊어지고 갈 수 있는 만큼의 요리 재료와 도구만을 허용한다. 당연히 메뉴가 한정적이며 요리 과정 역시 가능한 한 간소화된다. 그러다 보니 혹자는 '캠핑 요리는 단조롭다'고 평하지만, 달리 생각하면 이는 평소 과한 양념에 익숙해져서 잊고 있던 재료 본연의 맛을 제대로 즐길 기회로 작용한다. 스테이크나 삼겹살을 소금에만 찍어 먹으며 고기 풍미를 극대화하는 캠핑한끼의 모습이 반가운 것도 이 때문. 게다가 제약으로 인해 오히려 가능한 모든 상상력과 응용력을 총동원하게 되므로, 캠핑쿡은 요리 과정을 지켜보는 것 자체가 흥미로운 탐구 활동이다. 캠핑한끼의 '굽네치킨 닭다리구이'편이 좋은 예. 조그마한 반합 하나에 소금에 후추, 간장, 마늘을 더한 본격적인 마리네이드를 하는가 하면 톱밥(훈연칩)을 써서 훈제 과정까지 거친다. 과연 시청자들이 "캠핑 요리, 어디까지 해봤니?"라는 반응을 내놓을 만하다.

### 그러나 너무 많이 아는 남자

이런 전문가다운 면모는 반면 일반 캠퍼들 입장에서는 혹여 위화감을 일으킬 여지가 없지 않다. 특히 '숯불삼겹살구이'편을 보면 나무를 주워 땔감으로 쓰고 있는데 나무는 숯이나 차콜에 비해 열원 관리가 어렵다. 요리에 능숙지 않은 초보 캠퍼들이 캠핑한끼를 따라 나무 땔감으로 삼겹살 같은 기름기 많은 부위를 굽다가는 자칫 '불쇼'를 하거나 고기를 다 태우기 십상. 만약 캠핑한끼 채널을 통해 더 많은 사람들이 캠핑 문화에 새로이 눈뜨고 캠핑쿡에 첫 도전하길 바란다면, 영상 속에 메뉴별로 조리 시 갖춰야 할 쿠킹 스킬의 '레벨'을 안내하거나 초보들이 특히 주의할 점 등을 함께 알려주는 것도 좋은 방법이 될 테다.

캠핑한끼의 소박한 캠핑 장비 구성에도 높은 점수를 주고 싶다. 꼭 필요한 것 위주로, 브랜드에 연연하지 않고 추린 모습이 '텐트는 어느 회사, 침낭은 어느 제품' 식으로 비싼 장비 뽐내기에 급급한 일부 캠퍼들에게 귀감이 될 만하다. 게다가 이 단순한 장비만으로도 캠피들을 설레게 할 만한 장면을 연출해 '자신의 손에 길들여져 익숙한 장비야말로 최고의 장비'라는 사실을 단숨에 납득시킨다. 특히 칼의 경우, 부시크래프트용 칼의 대명사로 불리는 '모라'사 제품을 쓰고 있는데 실제 백패킹에서는 잘 쓰지 않는 장비이긴 하나 이 칼로 능숙하게 나무를 쪼개고 통삼겹을 자르는 영상을 보다 보면 절로 캠핑과 부시크래프트에 대한 로망이 차오른다.

장비 수납 기술도 눈여겨볼 만하다. 백패킹을 할 때는 배낭 하나에 필요한 모든 장비를 챙겨야 하므로 '어떻게 수납할 것인가'는 만만치 않은 과제다. '배낭 털기' 영상을 통해 캠핑한끼의 수납법을 엿보자면, 버너, 스토브, 로스터기를 하나로 포개기도 하고 프라이팬과 사각 도마를 원형으로 만들어 함께 패킹하기도 한다. 또 코펠에 날진 물병을 쏙 넣고, 화로는 다섯 조각으로 나눠서 부피를 줄여 싼다. 이런 현실적이면서 효율적인 패킹 노하우는 수없이 많은 시행착오를 겪은 후에야 비로소 체득할 만한 것으로, 이것 하나만 봐도 캠핑한끼가 결코 '흉내 내기' 차원의 캠퍼가 아님을 알 수 있다.

# Reports

도끼와 칼로 즉석에서 나뭇가지 주걱을 만든다.

안심구이를 나뭇가지 주걱으로 먹기 좋게 찢는다.

반합에 잘 포개 담은 재료 위에 양념을 부어 마리네이드한다.

그릴 아래 사과나무 훈연칩을 넣어 훈연시킨다.

나무 땔감 활용은 캠핑 요리 '중수' 이상에게 권장한다.

기름기 많은 고기를 구울 때는 특히 불 조절에 유의!

알코올 버너와 우드 가스 스토브를 차곡차곡 포개어 수납한다.

코펠에 물병을 겹쳐 넣어 부피를 줄인다.

# A Whole New Foodie World

## 댓글이 말해주는 '한끼 그 이상' 캠핑한끼

그저 캠핑 가서 한끼 해 먹을 뿐인데 댓글에는 대리만족부터 로망, 힐링까지 포식한다는 찬사가 가득하다.

WORDS BY NOH NAREE

### 캠핑 없는 캠핑한끼, 레전설의 사소한 시작

ireum studio by kimjonghoon
조회수 13,420회 · 2020년 4월 10일 기준

2014년 4월 6일 채널 최초로 업로드된 캠핑한끼
본인의 포토 스튜디오 홍보 영상

 카드값*** 1년 전
아~ 원래는 스튜디오 하시는 분이가

👍 1

웬만한 공중파 다큐멘터리 쌈 싸 먹는 캠핑한끼의 영상 퀄리티는 '도대체 뭐 하는 사람이야?'라는 궁금증을 불러일으킨다. 이 호기심에 몇몇 이들은 채널 첫 영상까지 거슬러 올라오고 곧 '아~ 본업이 이쪽(?)이구나' 하며 나름대로 납득한다. 하지만 여기서 반전. 이 영상은 본인의 증언에 따르면 '태어나서 처음으로 찍고 편집해본 결과물'이다.

처음에는 본인의 사진 및 영상 포트폴리오를 올린다는 생각으로 채널을 개설했다. 스튜디오 홍보 영상이 최초로 올라온 것도 이 때문. 하지만 당시 취미로 붙이던 캠핑 관련 영상을 찍어 올린 게 호응을 얻으면서 자연스레 채널 정체성이 바뀌었으며 채널명도 '캠핑한끼'로 정착되었다.

### '간증' 댓글의 향연, 랜선 라이프의 빛과 소금 '캠핑한끼'

주꾸미 꼬치
조회수 51,397회 · 2020년 4월 10일 기준

주꾸미와 슬라이스 레몬을 로즈메리 줄기에 한 땀 한 땀 꿰어 '로즈메리 꼬치'를 만드는 디테일이 압권

 moon so***** 1년 전
저는 캠핑을 모르는 남자입니다. 나이 오십이 되도록 먹고사는 문제에만 치여 살았는데... 이 영상을 보는 순간... 참! 할 일이 없다 싶었는데... 계속해서 쉬지 않고 보고 있는 제 자신을 발견했습니다. 새 소리 개울 소리... 요즘 근심거리가 생겨 머리가 아프고... 술을 마셔야 잘 수 있었는데... 영상을 보고서야 알았네요. '힐링이 됐나 봐' 개운한 아침을 맞이하더라구요. 정말 좋은 엉성 밋진 영상임을 뒤늦게 깨낳는 느낌입니다. 캠핑한끼 님! 좋은 영상 감사합니다. 또한 건승하시길 바라는 마음을 빌어봅니다.

👍 16

 Kim***** 1개월 전
왜 이렇게 마음이 차분하고 편안해지는지......

👍

 Ka** 2년 전
영상을 몇 번이나 되돌려 보고도 결코 싫증나지 않는... 단 한번 보고 지나쳐버리기엔 너무 미안한. 오히려 순간 놓친 장면에서 새롭게 발견되는 작가의 의도된, 혹은 그렇지 않더라도 인정할 수밖에 없는 사물을 대하는 절대적인 감각, 그리고 애정. 특별할 것 없는 조리 도구. 허브 몇 조각, 소금... 그것만으로도 주제를 빛나게 만드는 힘. 물과 불과 재료를 다루는 섬세함과 능숙함. 그들을 대하는 작가의 예의 바름. 어쩌면 경건함마저 들게 하는. 나는 그들을 대할 때, 당연히 쉽게 얻어지는, 늘 쌓여 있는, 그리고 쉽게 버리고 바로 잊었던... 캠핑한끼 님의 영상을 보면서 사물을 대하는 방식에 대해 다시 생각하게 되는 계기가 되었습니다. 감사합니다.

👍 6

## 마이 리틀 캠핑한끼? 공중파 정규 편성 가즈아!

## 저 세상 갬성의 실버 버튼 개봉기

구독자 10만 명 이상 채널에 수여되는 유튜브의 '실버 버튼' 개봉 영상. 은색 유튜브 플레이 버튼에 비치는 숲의 녹빛과 나무 그림자는 캠핑한끼에서만 기대할 수 있는 '갬성'이다.

**미나리삼겹살 ft. 벚꽃차**
조회수 190,541회 · 2020년 4월 10일 기준

EBS와 컬래버레이션한 영상으로 삼겹살 구운 기름에 김치볶음밥을 볶는 게 화룡점정.

**캠핑한끼 실버 버튼 개봉기**
조회수 19,987회 · 2020년 4월 10일 기준

**라\*** 11개월 전
EBS 많이 컸네 캠핑한끼랑 같이 영상도 만들고.
👍 298

**빌투\*\*\*** 11개월 전
삼겹살까진 뭐 평범하네… 하다가 삼겹살 기름에 김치볶음밥에서 역시나 캠핑한끼다를 외치며 따봉 5개 박았습니다.
👍 21

기승전탄수화물! '쌀'을 먹어야 먹은 것 같은 한국인들은 캠핑한끼가 요리 말미에 흰밥을 투하하는 순간 댓글로 열광한다. '마지막 볶음밥 돌아버렸다 진짜 맛있겠다', '누룽지 긁는 거 보고 바로 구독 눌렀다' 등등. 캠핑한끼 TOP 15 인기 영상 중 무려 3개에 밥 볶는 장면이 등장하는 건 과연 우연일까.

**Mapuia Va\*\*\*\*\*\*\*\*** 8개월 전
Looks awesome… Never miss your video… Keep it up… Regular viewer of your videos from Mizoram, northeast part of India.
진짜 멋있어요… 영상 하나도 안 빼놓고 보고 있습니다.
계속 잘 부탁드려요. 인도 북부지방 미조람에서 애청자가 보냅니다.
👍 1

**김\*\*** 11개월 전
한국인의 밥상을 넘어서는 영상이다. 티비 정규 채널로 편성되어야 한다.
👍 4

**최팀장\*\*\*** 11개월 전
찬성입니다…^^

**영\*\*** 11개월 전
동감합니다~^^

**김\*\*** 9개월 전
ㅋㅋㅋㅋㅋㅋㅋㅋㅋㅋㅋㅋㅋㅋㅋㅋㅋㅋㅋㅋㅋ
실버 버튼을 이렇게 느낌 있고 고요하게 개봉하는 사람은 첨인 거 같아요.
👍 39

**고\*\*** 9개월 전
실버 버튼 개봉기 전 세계 퀄리티 1위;;;
👍 2

**[빵이네]캠핑\*\*\*\*\*** 9개월 전
축하드립니다. 근데 캠핑한끼 100만 아니었어요?
퀄리티는 최소 100만급인데;;
👍 2

매번 달리는 댓글 중 하나. 많은 구독자들이 '이 채널이 왜 아직도 100만을 못 넘겠냐' 의아해하고 있다. 어디서도 의문이다. 대체 이유가 뭘까??

**철궁\*** 9개월 전
축하드립니다~! 3년 전부터 꾸준히 챙겨 보고 있는 구독자입니다.
항상 제 코드에 맞는 포근한 영상 보면서 힐링을 자주 얻어가요.
앞으로도 잘 부탁드리겠습니다~
👍 12

**이사나이\*\*\*\*\*** 9개월 전
ยินดีด้วยค่ะ ขอติดตามคุณต่อไป
축하드립니다. 늘 애청하고 있어요
👍 5

캠핑한끼 채널에는 초창기부터 지금까지 꾸준히 애정 어린 댓글을 다는 이른바 '코어 팬'들이 많다. 캠핑한끼도 몇몇 고정 아이디들은 늘 눈여겨본다며 "여기 보답하기 위해서라도 더 열심히 만든다"고 말할 정도.

# Share

### 이래도 캠핑 안 가? 옆구리 제대로 찌르는
## 캠핑한끼 댓글한끼

### 뼈등심을 먹는 3가지 방법

 두란** 1년 전
진짜 완벽한 힐링 영상....... 맥주 씨원하게 따내는 거 넘나 쾌활하고요....... 오지고 지렸다.......
👍 3

### 닭다리 요리

 암살*** 1년 전
이분 영상 볼 때마다 라면 냄비에 안 끓여 먹고 반합에 끓여 먹는다.
👍 27

### 부채살스테이크

 김** 1년 전
가끔씩 이런 영상 뜨면 보는데 내가 무엇을 목표로 살아야 하는지 알게 됩니다. 꼭 성공해서 가족들과 이런 힐링 느껴보고 싶네요.
👍 37

### 봉골레 파스타

 Joel Paul ***** 1년 전
Man, I love all your vids and everything you do in them! I love the cinematography, the sound of nature. How you prepare your food at camp is so simple yet the finish product is a work of visual and culinary art! You have inspired me never to eat canned goods next time I camp! Looking forward to more of your vids…
와, 영상들 전부 다 너무 좋아요! 촬영 기법도, 자연의 소리를 담은 것도 멋져요. 요리 준비 과정이 아주 단순해 보이는데 완성된 모습은 예술의 경지네요! 이 채널 보고 나서 저도 다음번 캠핑 갈 땐 절대로 통조림 음식 안 먹어야지 다짐했어요. 앞으로도 좋은 영상 많이 기대할게요…
👍 3 ✳

*통조림의 편리함을 과감히 포기하고 캠핑요리 세계로! 기존 캠퍼들에게도 새로운 뽐뿌를 주는 '캠핑한끼'*

### 마늘새우

 ○○*** 2년 전
항상 이거 보고 캠핑에 대한 로망이 생김
👍 35

 정은*** 2년 전
인정합네다.

 IW.**** 1년 전
하지만 현실은 라면에 햇반....

### 목살스테이크

 이** 1년 전
*캠핑한끼 보다가 현실 캠핑 입덕!*
매일 영상만 보다가 이번 (주말 혼자 캠핑)가려고 합니다! 목살스테이크 50초쯤 간장 매실액 청주 비율 알려주실 수 있나요??
👍 1

Views

# One Meal, Four Hearts

캠핑한끼에 마음을 뺏긴 네 가지 사연들

몸담은 분야가 제각각인 네 명의 프로페셔널들이 입을 모아 하나의 채널을 부른다. 그들이 들려주는 캠핑한끼의 '훌릭' 포인트와 직접 꼽은 Must See 영상.

WORDS BY NOH NAREE
ILLUSTRATION BY KASIQ

### 레이먼 킴
셰프, 캠핑 마니아

"캠핑을 좋아하고, 오랜 시간 캠핑쿡을 해왔던 셰프로서 먼저 캠핑한끼의 남다른 쿠킹 안목을 칭찬하고 싶다. 캠퍼 혼자서도 충분히 시도해볼 만하면서 비주얼과 맛도 빠지지 않는 메뉴들을 멋지게 골라낼 줄 안다. 또한 뽐내기 좋은 고가의 도구로 이른바 '장비빨'을 세우기보다는 누구나 접하기 쉬운 단순한 도구를 쓴다는 점도 매력적이다. 이런 센스 있는 메뉴 선정과 장비 활용 덕분에 채널 구독자도 선뜻 캠핑쿡에 도전해보겠노라 용기낼 수 있는 것 아닐까?"

#### 레이먼 킴'S PICK
'고든 램지의 해시브라운' 영상

"초보자들이 '캠핑한끼 따라잡기'에 도전해볼 만한 영상. 재료, 장비, 요리 과정 모두 캠핑쿡용으로 한결 간소화돼 있다. 물론 첫술에 이만큼 근사한 결과물을 내긴 어렵겠지만 욕심내지 않고 차근차근 따라 하다 보면 어느새 나만의 방식을 더해가며 점점 발전하는 스스로를 발견하게 될 것이다."

"유튜브를 둘러보다가 우연히 정말 먹음직스러워 보이는 썸네일을 발견해 홀린 듯 클릭하면서 처음 캠핑한끼를 만나게 됐다. 그저 맛있겠다 싶어 보기 시작한 건데 볼수록 음식 자체보다는 전체적인 영상미가 더 선명하게 각인됐다. 정갈한 플레이팅, 심혈을 기울인 흔적이 역력한 카메라 구도 그리고 편집… 이 사람 감각이 장난 아니구나, 한동안 감탄을 멈추지 못했다."

### MELLOWBEATSEEKER
### Mellowbeat Seeker
음악 유튜버, 구독자 54.7만

#### MELLOWBEAT SEEKER'S PICK
'스테이크 샐러드' 영상

"처음 캠핑한끼를 알게 된 영상이자, 누군가 캠핑한끼를 묻는다면 단연 추천해주고 싶은 영상. 캠핑한끼의 독보적인 아이덴티티와 사물을 보는 남다른 감각이 잘 드러날 뿐 아니라, 보는 사람으로 하여금 뭔가 선물이라도 받는 듯 뿌듯한 기분이 차오르게 한다."

Talks

"어떤 음식을 어디에 어떻게 배치할 것이며 그 음식은 누가 먹을 것인가라는 푸드 스타일리스트 관점에서 본다면 캠핑한끼의 모든 음식에 100점을 주고 싶다. '오늘도 자연 속에서 내가 꼭 먹고 싶은 음식을 해 먹는다'라는 명확한 목적 아래 카메라와 대화하듯 또 너무나 아름답게 요리하는 채널. 소꿉장난하듯 뚝딱, 허기진 세상을 향해 툭툭 던지는 위로. 캠핑한끼에는 요리와 음식을 사랑하는 사람만이 전할 수 있는 진정성이 담겨 있다고 감히 말하고 싶다."

**진희원**
영화 <리틀 포레스트> 푸드 스타일리스트

**진희원'S PICK**
'수제버거' 영상

"몇 번을 돌려봤다. 며칠 전 스튜디오에서 촬영했던 모 브랜드의 신제품 버거인 줄 착각할 정도로 훌륭한 비주얼에, 흐르는 냇물에 토마토 씻는 장면은 정말 '감동' 그 자체였다. 혹시 캠핑한끼가 조만간 남극에 가서 빙수 만들기에 도전하는 건 아닐까? 엉뚱한 상상을 해본다."

"캠핑한끼 콘텐츠의 높은 기술적, 예술적 완성도와 캠핑과 음식을 표현하는 창의성에 반해 다이아TV 방송 송출을 제안했다. 바쁜 일상에 치여 좀처럼 누리기 힘든 자연 속 힐링을 간접적으로나마 전하고, 아웃도어 요리가 주는 소소한 행복에 대한 공감대를 형성하는 내용인 만큼 시청자들 사이에서 '우리도 캠핑 가자', '진짜 먹어보고 싶다' 등 적극적인 반응을 얻고 있다."

**임혜경**
CJ 다이아 TV 편성마케터

**임혜경'S PICK**
'솔잎삼겹살' 영상

"피어오르는 연기와 지글지글 고기 익는 소리로 눈과 귀가 즐거울 뿐 아니라, 솔잎 타는 향기가 마치 콧속으로까지 밀려드는 듯한 착각을 불러일으키는 영상. 개인적으로, 캠핑한끼는 한국에서 아웃도어 요리의 매력을 가장 생생하게, 환상적으로 담아내는 유튜버가 아닐까 생각한다."

Views

## WHO ARE THE COPYCATS?

#### 캠핑한끼를 둘러싼 표절 논란 관전기

캠핑한끼의 이름에 꼬리표처럼 따라붙는 표절 시비를 각 잡고 들여다보았다.
과연 누가, 카피캣일까?

WORDS BY NOH NAREE

캠핑한끼는 의외로 유명하다. 왜 구독자 수가 이것밖에 안 되느냐며 '나만 아는 맛집'처럼 여기는 댓글이 수두룩하지만, 실상은 구독자 수와 상관없이 알 만한 사람은 다 알고 볼 사람들은 알음알음 다 찾아보는 대세 채널이다. 커머셜 영상 업계에서는 음식, 요리 관련 영상을 제작할 때 빼놓지 않고 언급되는 '감초' 레퍼런스로 자리 잡은 지 오래. 영상 전문가 S씨는 "한번은 제작 미팅하러 갔더니 아예 아이패드에 캠핑한끼 채널을 띄워놓고 있더라고요. '이런 느낌 참고해주세요'가 아니라 '이것처럼 만들어주세요'라고 대놓고 요청하더군요"라고 털어놓는다. 뜨는 콘텐츠는 누구보다 발 빠르게 포착해 흡수하는 방송 업계에서도 캠핑한끼는 진작부터 화두였다. 유튜버들이 주인공인 프로그램이나 캠핑을 소재로 한 예능에서 출연 제의를 몇 차례나 했지만 매번 본인이 고사했다고. 물론 '본진' 유튜브에서도 각종 패러디 콘텐츠가 채널 존재감을 여실히 증명하다. 유튜브 검색창에 '캠핑한끼 패러디'라고 입력하면 '캠핑한끼처럼', '캠핑한끼 분위기', '나도 캠핑한끼' 같은 제목을 단 각종 패러디물을 쉽게 찾아볼 수 있다.

그리고 안타깝게도 입소문 난 콘텐츠에는 반드시 따라붙기 마련인 '카피캣' 역시 맹활약 중이다. A채널은 '캠핑한끼와 A채널은 서로 연관된 채널인가요?'라는 문의 댓글이 달렸을 정도로 전반적인 모양새가 흡사하다. 사람 손만 등장하는 콘셉트부터 '자연 풍광을 담은 인트로-요리-자연 풍광을 담은 아웃트로'라는 구성, 풍광을 보여주는 연출 및 편집 방식, 요리 장면의 미장센과 카메라 앵글, 무엇보다도 말로 설명하긴 어렵지만 직접 보면 알 수밖에 없는 캠핑한끼 특유의 '갬성'이 똑 닮아 있다. B채널의 경우 로고부터 썸네일, 소품, 네이밍 등 좀 과장하면 안 베낀 부분을 찾는 게 빠를 정도. 다행히 표절이라는 지적 댓글이 잇따라서일까, 캠핑쿡보다는 아웃도어 ASMR 위주로 콘텐츠 방향을 약간 틀고 있으며 캠핑한끼 '복붙' 수준이었던 로고도 더 이상 쓰지 않는다. 사실, 표절이라고 단정 짓기엔 애매하나 아니라고 말하기도 찜찜해 크리에이터 입장에서는 더 억울할 만한 사례는 일일이 언급하기 어려울 정도로 많다.

앞서 다룬 채널들에는 최소한 남의 것을 제 나름대로 소화하려는 '노력'의 흔적이 엿보인다면, 아예 양심 따위 반납하고 캠핑한끼 영상을 통째로 혹은 편집만 다르게 해서 올리는 채널들도 있다. 다행스럽게도 이런 케이스는 유튜브 시스템상 어느 정도 구제 가능하다.

## Look Into

'저작권 Copyright Match Tool'이라는 관리 메뉴를 이용하면 나의 영상과 이 영상이 업로드된 이후 올라온 모든 영상을 비교 대조하여 완전히 일치하거나 거의 일치하는 사례를 찾아준다. 사례가 적발되면 해당 채널에 메시지를 보내 자발적 삭제를 요청하거나 유튜브에 해당 영상을 삭제해달라고 직접 요청할 수도 있다. 하지만 유튜브라는 플랫폼을 벗어나는 순간 이마저 남의 얘기다. 실제로 유튜브가 아닌 다른 플랫폼에서 개인 방송을 하면서 중간중간 캠핑한끼 영상을 틀어놓고 후원을 받은 사람을 캠핑한끼 팬이 댓글로 고발한 적이 있었는데, 이런 식으로 미처 파악되지 않은 사례가 몇이나 더 있을지 모를 일.

여기까지는 차라리 양호한 편이다. 캠핑한끼는 표절과 관련해 더 '원통한' 상황을 지난 몇 년간 그리고 현재진행형으로 겪고 있다. 캠핑한끼가 '알마잔키친 Almazan Kitchen'이라는 해외 채널을 베꼈다는 주장이 댓글 일부를 꾸준히 점유하고 있는 것이다. 유튜브에 첫 영상을 올린 시점으로 따져보면 알마잔키친이 캠핑한끼보다 명백히 후발주자라는 점, 초반부터 캠핑쿡을 소재 삼은 캠핑한끼와 달리 알마잔키친은 홈 쿠킹 영상을 올리다가 도중에 야외 요리로 콘셉트를 바꾸었다는 점 등을 지적하는 '팩트 체크' 댓글들이 좋아요를 얻고 인기 댓글로 올라오기도 하지만 그때뿐. 새 영상이 올라오면 댓글 싸움도 매번 새로이 시작된다. 표절을 제기하는 측은 사실 근거가 없다. 그저, '어 이거 내가 알마잔키친에서 보던 거랑 느낌 비슷한데 베낀 거 아니야?'라는 생각이 들면 사실관계 확인 없이 바로 댓글을 툭 달고는 유유히 사라질 따름이다. 창작자 입장에서는 그야말로 속이 새까맣게 탈 노릇. 이 무렵 캠핑한끼의 작업일지를 살펴보면 못내 씁쓸한 소회가 고스란히 남아 있다. "요즘 새로 생긴 별명이 있다. 카피캣. 잘나가는 제품을 그대로 모방해 만든 제품을 비하하는 용어다."

물론 인터넷에는 앞뒤 따지지 않고 돌부터 던지는 댓글러들이 늘 존재해왔고 크리에이터로서 대중 앞에 선 이상 '악플'도 어느 정도는 감수해야 할 테다. 그러나 캠핑한끼가 표절 논란으로 몇 년째 계속 도마 위에 오르는 데는 단순히 '지나가는 악플러들의 활약' 이상의 복잡미묘한 원인이 있다. 후발주자인 알마잔키친이 먼저 구독자 323만의 대형 채널로 자리 잡은 터라 유튜브상 노출도가 훨씬 커서, 유저들이 캠핑한끼보다는 알마잔키친 콘텐츠를 먼저 접할 확률이 높은 것이다. 여기에 '당연히 소형 채널이 대형 채널의 아류작이겠지' 혹은 '당연히 한국 채널이 해외 채널을 따라 했겠지'라는 인식이 더해져 오늘도 채널에는 '알마잔키친 한국판이네, 따라 한 건가?', 'Looks like Almazan Kitchen(알마잔키친이랑 비슷하네요)', '적어도 원 콘텐츠에 대한 약간의 언급은 있어야 콘텐츠 도둑이라는 말은 안 듣지 않을까요?' 등의 댓글들이 달리고 있다.

"국내 유튜브 시장에서 캠핑이라는 카테고리가 활성화된 지 얼마 되지 않았잖아요. 아직 정제되지 않다 보니 이런저런 잡음이 생길 수밖에 없다고 생각해요. 말하자면 '성장통'인 거죠." 카피캣들의 뻔뻔함에 표절 누명까지, 당사자가 아닌 이들이 다 억울한데 정작 캠핑한끼 본인은 놀라우리만치 '쿨'한 반응이다. "캠핑 카테고리가 앞으로 자리를 잘 잡고 파이를 키워나가면 그 안의 문화도 더 성숙해지고 자연스럽게 좋은 콘텐츠를 알아보는 눈도 늘어날 거라 믿어요. 그럼 캠핑한끼를 왜곡 없이 보고 제대로 평가해줄 사람도 많아지지 않을까요?" 그때까지 백종원·이연복 셰프가 하듯 본인의 노하우를 최대한 공유하며 같이 성장하는 채널이 되고 싶다는 멘트가 오히려 안타까웠다. 이 '쿨함'은 온갖 번민과 고뇌 끝에 해탈하듯 나온 결론이라는 확신이 들어서다.

끊임없는 표절 시비에 고통받는 크리에이터 입장에서 달리 무엇을 할 수 있겠는가? 저작권 침해로 법정 공방을 하기도, 악플러를 고소하기도 현실적으로 쉽지 않다. 특히 영상의 '스타일'이라는 애매한 부분의 표절 여부를 가리는 건 지난한 싸움이 될 테다. 알마잔키친을 따라 하지 않았다고 구구절절 해명하는 영상을 올리는 방법이 있겠지만 캠핑한끼 채널 성격과 맞지 않을뿐더러 그렇게 해소될 만한 거리였다면 진작에 잠잠해졌을 거다. 자칫 또 다른 논란을 촉발시키는 계기가 될지도 모를 일. 그렇다면 마지막으로 알마잔키친이 이 상황에 대해 한마디 해주는 건 어떨까? 혹시나 하는 마음에 알마잔키친에게 입장을 묻는 메일을 보냈지만 수신 확인 표시가 뜬 지 한 달이 넘은 현재까지 아무런 답변을 받지 못했다. <MCN 비즈니스와 콘텐츠 에볼루션>의 저자인 미디어오늘 금준경 기자는 유튜브에서 벌어지는 이러한 표절 논란 전반에 구글이 더 적극적으로 개입해야 한다는 의견을 내놓는다. "구글은 유튜브상 음악, 방송 콘텐츠 등의 무단 도용 사례는 깐깐하게 검열하는 반면 포맷, 스타일 같은 지적재산권을 지키는 데는 거의 손 놓고 있는 상황이에요. 유튜브를 통해 사업 수익을 내고 또 사회에 큰 영향을 끼치고 있는 만큼 지적재산권 관련해서도 앞으로는 좀 더 책임감 있는 모습을 보여줬으면 합니다. 자체 심의 기구나 분쟁 조정 기구를 운영하는 것도 한 방법이겠지요."

결국 현재로서는 '먼저 창작했지만 먼저 유명해지지 못한 내 잘못'이라고 감내하며 그저 묵묵히 가던 길을 갈 뿐인 상황. 이 모든 게 만일 캠핑한끼가 구독자 몇 백만을 일찌감치 달성했더라면 치르지 않았을 홍역 아닐까 생각하면 '유튜브는 역시 기승전 구독자 수인가'라는 비관적 결론에 이르게 된다. 캠핑한끼가 하루빨리 100만 구독자를 달성하길 바라야 하는 것일까.

Views

# References

캠핑한끼 그다음을 찾고 있는 당신을 만족시킬 만한 해외 채널 5개.

WORDS BY YOOK 편집부

### 滇西小哥
구독자 458만 명

푸르른 자연에 둘러싸여 나를 위한 한끼를 정성껏 차려내고, 느긋하게 음미하는 캠핑한끼를 통해 우리는 어쩌면 목가적인 삶에 대한 목마름을 채우고 있는 건 아닐까? 동의한다면 '전서소가'를 꼭 한 번쯤 찾아보시길. 중국 남부 운남성의 한 시골 마을에 사는 소녀가 집에서 손수 전통 운남 요리를 해 먹는 간단한 내용이지만, 운남성만의 아름다운 자연풍광과 직접 수확한 재료를 공들여 손질하는 과정, 생소하면서도 정겨운 전통 운남 요리법과 뚝딱 만든 맛깔스러운 한끼를 가족과 나누어 먹는 모습에 마음이 절로 편안해지는 것을 느낄 수 있다. 도시에 나가 살다가 집안 사정이 어려워져 다시 고향으로 돌아온 후 유튜브로 고향의 독특한 음식과 자연을 담아내기 시작했다는 주인공 소녀의 비하인드 스토리는 '도시살이에 찌든 나 자신'을 떠올리면서 더더욱 채널에 감정이입하게 만든다.

### Miniature Space
구독자 323만 명

먹을 수 있는 가장 작은 한끼를 만드는 미니어처 요리 채널. 엄지손가락 만한 도마에 새끼손가락 반 만한 칼을 무기로 파스타부터 김치찌개까지 갖은 요리를 소화해내는데, 얼핏 소꿉장난 같지만 비주얼이나 완성도가 결코 '장난'이 아니다. 매번 콘셉트를 바꾸어 섬세하게 꾸며놓은 작은 주방과 거실을 무대로, 배경음악 없이 거대한 손이 선보이는 정교한 요리 작업에만 집중하는 연출은 마치 '캠핑한끼의 인형의 집 버전' 같다는 인상을 준다.

## YOOK List

### Odd Tinkering
구독자 100만 명

캠핑한끼 채널을 보면서 장비와 빈티지에 대한 로망을 채우고 있는 구독자에게 단연 추천하고 싶은 채널. 낡고 녹슬었지만 멋스러운 옛 장비나 골동품을 본래 모습으로 되돌리는 과정을 보여준다. 한 땀 한 땀 손수 분해하고, 닦고, 다듬고, 기름칠하는 일련의 과정을 말 한마디 없이 묵묵히 수행해내는 모습을 따라가다 보면 존경심마저 든다. 장비 복원을 콘텐츠로 하는 여타 채널과 달리 빨리 감기 효과나 배경음악이 없어서 현장에서 실시간으로 지켜본다는 느낌을 주는 게 더욱 플러스 요인이다.

### Joe Robinet
구독자 136만 명

야생에서 즐기는 캠핑에 대해 좀 더 알고 싶다면 '캐나다의 김병만' 조 로비넷의 채널을 구독해보자. 북아메리카의 광활한 자연을 제 집처럼 누비는 그는 부시크래프트 마니아다. 강을 따라 흘러가는 카누 위에서 여러 날을 보내거나 자신이 키우는 개와 함께 숲속에서 하룻밤을 지낸다. 특히 겨울 캠핑의 로망을 실현시켜주는 '2Nights in the Snow'는 699만 조회수를 기록했다. 헤비 커버 반합 등 유용한 캠핑 용품도 소개하는데, 제주 나대(나무 따위를 자르는 데 쓰는 연장)가 'CRAZY Korean Chopper!'라는 타이틀로 소개된 바 있다.

### Virtual Fireplace
구독자 12.8만 명

캠프파이어를 하는 기분으로 하염없이 '불멍' 할 수 있는 최대 규모의 온라인 모닥불 채널. 평균 러닝타임 8시간으로 큰 화면에 연결해 틀어놓고 보면 더욱 실감이 난다. 야외에서 피운 모닥불뿐만 아니라 실내 벽난로도 다양한 타입으로 준비되어 있다. 타닥타닥 나무가 타들어가는 소리와 빛의 움직임만으로도 충분한 영상 음악이 되어줄 것이다. 번외로 빗소리, 바람 소리 같은 자연의 소리를 담은 'Virtual Ambiance' 채널도 함께 운영 중이다.

Outro

Back to WiFi

"스마트폰과 인터넷만 있으면 누구든 15억 인구와 접촉할 수 있는 현실은
영상 매체의 전례 없는 민주화를 의미한다."
로버트 킨슬, 유튜브 최고비즈니스책임자(CBO)

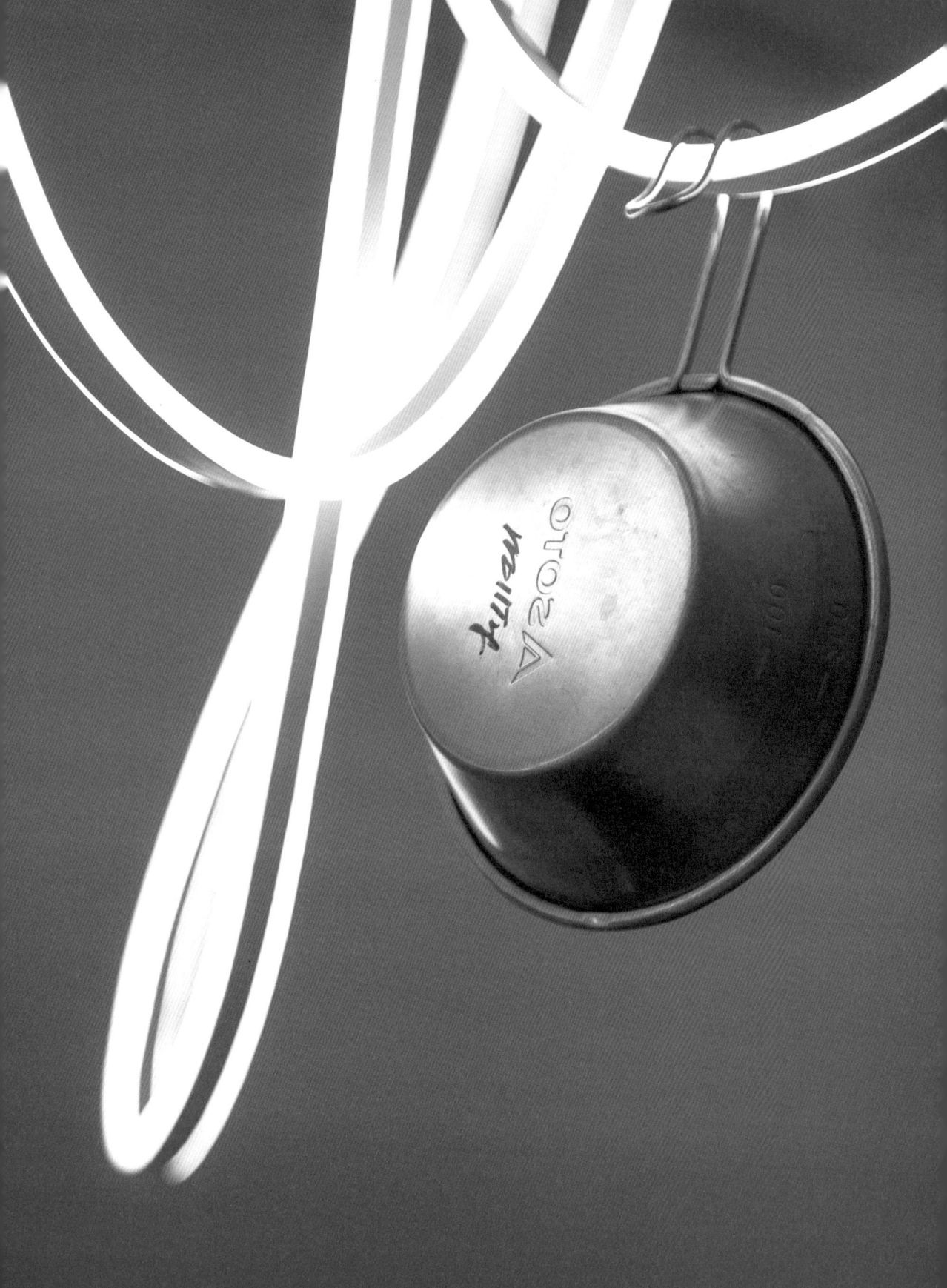

"외계인이 지구에 대해 알고 싶어 한다면 구글을 보여줄 것이다.
그러나 우리 인간에 대해 알고 싶어 한다면 유튜브를 보여줄 것이다."

케빈 알로카, <유튜브 컬처> 저자

**ISSUE NO.1**
캠핑한끼

**PUBLISHING DATE**
2020년 5월 15일

**PUBLISHER**
김영곤 Kim Yeonggon

**PUBLISHING CO.**
㈜북이십일 아르테 arte

**EDITOR IN CHIEF**
오유리 Oh Yuri

**SENIOR EDITOR**
이미혜 Lee Meehye

**EDITOR**
노나리 Noh Naree

**GUEST EDITOR**
정승혜 Chung Seunghye
주가은 Joo Gaeun

**DESIGNER**
mykc

**COVER ILLUSTRATION**
Igor Bastidas

**ILLUSTRATOR**
dailypiece
지수환 Jee Suhwan

**PHOTOGRAPHER**
김태정 TJ Kim
서송이 Seo Song Y.

**ASSISTANT PHOTOGRAPHER**
김아람 Kim Aram

**TEXT CORRECTION**
정원경 Jung Wonkyeong

**MARKETING**
안형태 Ahn Hyungtae

© ㈜북이십일

『유크』는 본지에 실린 크리에이터 혹은 MCN으로부터 어떠한 지원도 받지 않습니다.

ISBN  978-89-509-8671-1 (14590)
      978-89-509-8670-4 (세트)

출판등록 2000년 5월 6일 제406-2003-061호
10881 경기도 파주시 회동길 201 (문발동)
전화 031-955-2100 팩스 031-955-2151
문의 book21@book21.co.kr
인스타그램 instagram.com/21_arte

# arte

# YouTube is *Creation*